Die Schule der magischen Tiere

Das Kochbuch

Einfach zum Nachmachen: die Lieblingsrezepte von Rabbat, Henrietta & Co.

Die magischen Tiere eröffnen die Kochschule

NTERSTEIN SCHULE

Die Schule der magischen Tiere stellt sich vor

Die Wintersteinschule birgt ein Geheimnis: Wer Glück hat, findet hier den besten Gefährten, den es gibt. Und zwar ein magisches Tier, das sprechen kann. Rabbat, Henrietta & Co. helfen ihren menschlichen Freunden dabei, ihre Stärken und Fähigkeiten zu erkennen und selbstbewusster zu werden. In diesem Buch zeigen die magischen Tiere, wie einfach es ist, kochen zu lernen.

Miss Cornfield kommt aus Schottland und ist Lehrerin an der Wintersteinschule. Manchmal ein bisschen verrückt, aber sie meint es gut mit ihren Schülern. Und sie weiß ganz genau, wer von ihnen Hilfe braucht. Und dann kommt Mister Mortimer ins Spiel.

Mortimer Morrison. Wenn der merkwürdige **Mortimer Morrison** in die Klasse von Miss Cornfield kommt, halten alle Schüler die Luft an. Denn er ist der Inhaber der magischen Zoohandlung. Wer Glück hat, dem bringt Mister Morrison den besten Freund auf Erden mit, denn er verteilt magische Tiere – sprechende Tiere! Bald tummelt sich ein kleiner Zoo im Klassenzimmer der Lehrerin Miss Cornfield und die Abenteuer beginnen…

Elster Pinkie ist Mister Morrisons magisches Tier. Sie liebt alles, was glänzt, glitzert und funkelt. Auch beim Essen. Leuchtend bunte Früchte oder ein Stückchen Kuchen mit blankem Tortenguss sind für sie unwiderstehlich.

Ida und Rabbat

Ida kann gut rechnen, löst selbst schwierige Schulaufgaben und ist auch sonst genauso schlau wie ihr magisches Lieblingstier Rabbat. Ida vermisst ihre alte Freundin Miriam und ist verknallt in Jo. Sie mag Flip-Flops und Vampirfilme – und unheimlich gerne Erdbeereis.
Rabbat, der pfiffige Fuchs aus Norwegen, streift am liebsten durch den Schulgarten und durchwühlt gerne Mülltonnen. Er mag Früchte, doch mit leckeren Schokokeksen kann man ihm die größte Freude machen.

Benni und Henrietta

Benni mag Comics, Außerirdische und Piraten. Er ist eher verträumt und gemütlich, Hektik und Sport sind nicht so sein Ding. Seine magische Schildkröte Henrietta treibt ihn aber immer wieder zu Höchstleistungen an. Seit er sie kennt, steigt nicht nur seine Abenteuerlust, sondern auch sein Salatkonsum.
Henrietta kommt aus der Karibik, ist neugierig und viel gereist in ihrem Leben. Mit ihren fast 200 Jahren hat sie jede Menge Lebenserfahrung und kennt viele nützliche Tipps und Tricks – auch beim Kochen. Henrietta mag gerne Krabben und knabbert am liebsten Salat, Gurken und Gänseblümchen.

Max und Muriel

Max, auch „Professor“ genannt, kann gut lernen, rechnen und Geheimschriften knacken. Der Klassenbeste weiß einfach alles. Na ja, fast alles. Den Rest weiß seine magische Eule Muriel. Max liebt kalte Milch, Traubenzucker und Erdnüsse.
Muriel aus Athen jagt gern Mäuse. Ihr Lieblingsort ist das Turmstübchen der Schule. Sie möchte mal Universitätsprofessorin werden, könnte aber eigentlich gleich anfangen, weil sie jetzt schon so schlau ist. In diesem Buch verrät Muriel ihr großes Wissen über Lebensmittel.

Helene und Karajan

Helene liebt Rosa, möchte Model werden und lästert gerne. Sie mag japanisches Sushi und die französische Küche. Aus Frankreich ist auch ihr Kater Karajan, der genauso eigensinnig sein kann wie sie.

Karajan aus Paris ist adelig und deshalb etwas hochnäsig. Er hasst Nässe, Kälte, Schmutz und billiges Futter. Er liebt Streicheleinheiten, mag weiche Betten und Lachs zum Frühstück.

Schoki und Peperoni

Samuel, von allen Schoki genannt, liebt alles mit Schokolade: egal ob Eis, Pudding, Torte, Schokobananen oder Kaba. Später möchte er mal Beleuchter beim Fernsehen werden.

Peperoni, Samuels Pinselohrschwein aus Senegal, teilt seine Liebe zu Kaba und Schokolade. Er mag aber auch Kartoffeln und futtert gerne Reste. Er bezeichnet sich selbst als Genießer, mag gute Witze und fröhliche Menschen und Tiere.

Anna-Lena und Caspar

Anna-Lena ist eher schüchtern, doch auf der Bühne wird sie zur Verwandlungskünstlerin. Ihr Chamäleon Caspar verwandelt sich genauso gerne wie sie. Was sie gerne isst? Hauptsache abwechslungsreich!

Caspar aus Madagaskar kann, wie jedes Chamäleon, je nach Umgebung seine Farbe wechseln. Und das ist auch sein Hobby. Er liebt Sonne, Wärme und ganz besonders Spaghetti-Eis.

Eddie und Eugenia

Eddie will Comiczeichner werden, findet Superhelden toll, ist aber selbst etwas tollpatschig. Seit er Eugenia hat, bessert sich das. Sein Lieblingsessen: Butterbrot mit Schnittlauch aus dem Garten.
Eugenia lebte früher in einer Burg, jetzt bei Eddie. Ab und zu schlummert sie in Eddies Federmäppchen. Eugenia hat einen lustigen Sprachfehler und liebt „schöneriche Unordnung". Deshalb auch bunte Salate und Eintöpfe.

Jo und Juri

Jo, der Schwarm aller Mädchen, legt großen Wert auf Aussehen und Fitness. Mit seinem Pinguin Juri verbindet ihn die Freude am Sport. Weil er Profisportler werden will, achtet er auf gesunde Ernährung mit viel Vollkorn, Gemüse und Obst.
Juri aus der Antarktis hat als Hobbys Schwimmen, Tauchen und Trampolinspringen. Später möchte er Tauchlehrer werden. Er schwimmt gerne in eiskaltem Wasser und trinkt es auch am liebsten. Beim Essen hält er es wie Jo: Hauptsache gesund.

Silas und Rick

Silas liebt Fahrradfahren und Klettern. Er kennt sich bestens mit Dinos und Fossilien aus, möchte mal Paläontologe werden. Silas reißt oft seine Klappe zu weit auf – genau wie sein Krokodil Rick. Wie Rick isst Silas gerne Fleisch, am liebsten Steak.
Rick kommt aus Florida und hat den Schulteich für sich entdeckt. Er findet, dass er gut schwimmen, schnarchen und rülpsen kann. Sein Lieblingsessen? Noch lieber als Fleisch mag Rick Fischstäbchen.

Franka und Cooper

Franka ist zu cool für die Schule, für Freunde, für Spaß. Nur für ihre Ratte Cooper nicht. Denn die ist genauso schräg drauf wie sie und findet ihre Punkrock-Musik, ihre Totenköpfe und ihre Leibspeise, giftgrünen Wackelpudding: „Cool, Baby!“
Cooper kommt aus London, hasst Seife, hört gerne Punkrock, und Mülltonnen sind sein Paradies. Coopers Lieblingsgerichte: Pommes mit Essig und englischer Hartkäse.

Finja und Sydney

Finja verbringt ihre Zeit gern mit ihrer Familie und mit einem Buch in der Hängematte im Garten. Wenn sie von zu Hause weg ist, bekommt sie Heimweh. Dann tröstet sie eine Tasse Früchtetee und ihr Koala-Mädchen Sydney.
Sydney aus Australien schläft, kuschelt und quasselt gerne. Sie hasst große Straßen, Autolärm, Stress und Schluckauf. Am liebsten mag sie frische Eukalyptusblätter. Weil es die hier nicht gibt, schenkt Finja ihr ab und zu Eukalyptusbonbons.

Yannik und Tingo

Yannik schaut am liebsten Actionfilme und will Sportlehrer werden. Er macht gerne Quatsch und muss immer aktiv sein. Genau wie Tingo, sein Affe. Nur wenn es seine Lieblingspizza mit Ananas und Schinken gibt, sitzt Yannik ein paar Minuten still.
Tingo kommt aus Tansania. Klettern, Radschlagen, Seilspringen, Hopsen und Unsinn machen, das sind die Hobbys des quirligen Schimpansen. Und sein Lieblingsfutter? Natürlich Bananen! Als Bananenchips, Bananensplit, im Joghurt oder einfach nur pur.

Henry und Leander

Henry spielt Saxophon, macht gerne Party und lebt in einer Villa mit Pool. Er bekommt richtig viel Taschengeld, doch sein Leopard Leander ist unbezahlbar. Mit ihm ist er nie mehr einsam. Henrys Leibgericht: Schnitzel mit Pommes.
Leander aus Kenia kann gut Fährten suchen und sehr schnell rennen. Es ärgert ihn, dass Leoparden nicht zu Olympia dürfen. Henry tröstet ihn mit Würstchen, seinem Lieblingsessen. In diesem Buch gibt er Speed-Tipps, also wie alles schneller geht.

Hatice und Mette-Maja

Hatice möchte unbedingt die Schwimmprüfung bestehen. Ihre Robbe Mette-Maja unterstützt sie dabei. Zur Belohnung bekommt Hatice dann von ihrer Mutter Baklava, eine türkische Süßigkeit.
Mette-Maja kommt aus Dänemark, liebt das Meer, zur Not auch die Badewanne. Ihr größtes Vergnügen: Klatschzeitschriften lesen und dabei Zimtschnecken knabbern.

Ronja und Toffi

Ronja spielt Basketball, flitzt mit ihrem Roller durch die Stadt, entdeckt gern Neues und vergisst dabei oft die Zeit. Genau wie ihr Hund Toffi. Später will sie die Welt erkunden. Deshalb probiert sie gern Rezepte aus fremden Ländern.
Toffi ist ganz schön wild, saust gerne durch den Stadtpark und möchte mal bei einem Hundewettrennen siegen. Seine Lieblingsorte: Speisekammern und der Würstchenstand in der Stadt, denn Würsten und Leckerlis kann er nicht widerstehen.

An die Töpfe, fertig – stopp!

So ganz ohne Vorwissen und Vorbereitung solltest du dich nicht in die Küche stellen. Hier steht, was du beachten musst.

Alle Zutaten zu Hause?

Bevor du loslegst, prüfe erst einmal, ob du alle Zutaten zu Hause hast, die du für dein Rezept brauchst. Fehlt etwas, besprich mit deinen Eltern, ob du diese Lebensmittel vielleicht durch andere ersetzen kannst. Wenn nicht, musst du erst einmal einkaufen gehen. Scheib dir immer einen Einkaufszettel, damit du nichts vergisst.

Küchenhelfer kennenlernen

Lass dir von deinen Eltern die Küchenausstattung erklären. Zum Beispiel welche Siebe und Schüsseln du für welche Zutaten nehmen kannst, welche Schneidebretter rutschfest sind und welche Messer, Sparschäler oder Gemüsehobel du benutzen kannst.

Sicherheit in der Küche

Besprich mit deinen Eltern, wo in der Küche Gefahren lauern. Lies dir dafür auch die Hinweise auf den Seiten 14–17 durch. Hol dir immer Hilfe, wenn du etwas nicht schaffst oder nicht weiterweißt.

Sauberkeit ist wirklich wichtig

Ob Hände, Arbeitsfläche, Schüsseln oder Besteck: Beim Kochen ist Sauberkeit oberstes Gebot. Denn auf schmutzigen Sachen bilden sich Keime und wenn die – zum Beispiel übers Essen – in den Darm kommen, kannst du davon krank werden. Also vor dem Kochen und zwischendurch die Hände waschen und Küche und Kochutensilien sauber halten.

Aufräumen gehört dazu

Zum Kochen gehört es auch, die Küche wieder sauber zu verlassen. Achte darauf, dass das Geschirr und die Küchenhelfer ordentlich und sauber in den Schrank zurückkommen und dass die Arbeitsflächen wieder sauber sind. Lass dir anfangs zeigen, wie deine Eltern das machen.

Gut vorbereitet geht es leichter

Bevor du mit dem Kochen anfängst, lies dir immer das Rezept einmal durch. Wenn du das noch nicht so gut kannst, lass dir das Rezept vorlesen. Dann machst du die Arbeitsfläche frei und stellst alles bereit, was du für das Rezept brauchst: Schüsseln, Löffel, Schneidebrett, Messer und natürlich alle Zutaten. Was du davon grammweise benötigst, wiegst du gleich ab.

Diese Abkürzungen in den Rezepten solltest du kennen:

EL = Esslöffel
TL = Teelöffel
g = Gramm
ml = Milliliter
l = Liter

Sicher ist sicher – die wichtigsten Küchenregeln

Hier ein paar wichtige Tipps & Tricks, damit nichts schiefgeht. Lies sie gemeinsam mit deinen Eltern durch.

Kein Kippeln beim Kochen

Achte in der Küche immer auf einen sicheren Stand. Ist die Arbeitsfläche zu hoch, nimm dir einen rutschfesten Hocker oder bereite das Rezept auf dem Küchentisch zu.

Hilfe holen

Ganz wichtig: Bitte einen Erwachsenen um Hilfe, wenn etwas nicht klappt, du etwas nicht schaffst oder wenn du es dir noch nicht zutraust! Und übe den Umgang mit dem Messer, mit elektrischen Geräten und heißen Sachen erst mal mit deinen Eltern.

Vorsicht, heiß und fettig!

* Verwende immer Topfhandschuhe oder große Topflappen, wenn du heiße Töpfe, Deckel oder Backformen anfasst oder wenn du an den Ofen gehst.
* Stelle heiße Gegenstände immer auf einen Topfuntersetzer.
* Achte darauf, dass du Fett zum Braten nicht zu heiß werden lässt und halte immer etwas Abstand, denn Fett kann spritzen und dich verbrennen. Verwende einen Spritzschutzdeckel, wenn ihr einen zu Hause habt.
* Wenn du heißes Wasser abgießt, zum Beispiel Nudeln in ein Sieb schüttest, denke daran: immer vom Körper weg abgießen.

Elektrische Geräte

Wenn du einen Handmixer benutzt, ist es wichtig, dass du die Quirle unten in der Schüssel hältst, sonst spritzt der Teig oder die Creme. Und: Finger weg von den Quirlen! Auch beim Pürieren den Stabmixer immer unten im Topf halten, damit nichts spritzt. Stecke das Kabel erst in die Steckdose, wenn du bereit zum Mixen oder Pürieren bist, und ziehe das Kabel sofort wieder aus der Steckdose, wenn du damit fertig bist.

Schneiden und Schälen – so klappt's richtig gut

Wenn du ein paar Regeln beachtest, funktioniert das Schneiden und Schälen von Gemüse und Obst garantiert verletzungsfrei.

Damit nichts wegrutscht

Lege die Lebensmittel zum Schneiden oder Schälen immer auf ein rutschfestes Brett. Habt ihr keines, dann hilft es, einfach ein Spül- oder Küchentuch unterzulegen.

Schnell und sicher abschälen

Benutze zum Obst- und Gemüseschälen immer einen Sparschäler. Achte darauf, dass der Griff gut in deiner Hand liegt. Halte mit einer Hand das Obst oder Gemüse gut fest und ziehe mit der anderen Hand mit dem Sparschäler vorsichtig die Schale ab.

Das perfekte Küchenmesser

Mit einem scharfen Messer ist die Verletzungsgefahr viel kleiner als mit einem stumpfen. Nimm vielleicht nicht gleich Mamas längstes Kochmesser, aber achte darauf, dass die Klinge nicht zu kurz ist und der Griff gut in deiner Hand liegt. Vielleicht schaust du mit deinen Eltern mal nach einem speziellen Küchenmesser für Kinder. Es gibt sehr gute, die sogar einen Fingerschutz haben.

Der Krallengriff schützt deine Finger

Hast du keinen Fingerschutz, dann schneide die Zutaten immer mit dem Krallengriff: Dafür hältst du die Finger der Hand, die die Zutat halten soll, wie eine Tierkralle: Du krümmst also deine Finger zur Handinnenfläche hin und ziehst damit die Fingerkuppen zurück, sodass sie vor der Messerklinge geschützt sind. Jetzt kannst du vorsichtig relativ nah entlang der Finger schneiden, ohne dass du dich verletzt.

Mit leckerem Frühstück gestärkt in die Schule

GUTEN MORGEN!

Startklar für einen guten Tag

Bist du ein ausgeschlafener Frühaufsteher, der gleich gut gelaunt ist? Oder ein Morgenmuffel, der nicht richtig wach wird und selbst zum Frühstücken zu müde ist? Welcher Typ du bist, liegt in den Genen, sagen Wissenschaftler. Feststeht aber: Frühstück ist für jeden wichtig.

Nachtschicht macht hungrig

Warum ist das Frühstück eigentlich so wichtig, wo wir uns doch die ganze Nacht nur ausgeruht haben? Das hast du dich vielleicht auch schon mal gefragt. Die Antwort: Auch wenn wir schlafen, muss unser Körper weiterarbeiten, muss alle Körperfunktionen aufrechterhalten. Das Herz muss schlagen, die Lunge für Sauerstoff sorgen, Magen und Darm sind mit unserem Abendessen beschäftigt, Leber, Galle und Nieren sorgen auch nachts dafür, dass Schadstoffe gefiltert werden. Und so sind morgens die Energiespeicher größtenteils leer, unser Körper braucht Nahrung.

Morgens Energie auftanken

Das Frühstück füllt die Speicher wieder auf, gibt dem Körper neue Power. Bei Kindern sind die Energiespeicher übrigens kleiner als bei Erwachsenen. Deshalb ist es für sie besonders wichtig, regelmäßig zu essen. Untersuchungen zeigen: Kinder, die morgens nicht genügend essen, werden schneller müde und unkonzentriert. Kinder, die gut frühstücken, reagieren schneller, sie können sich besser erinnern und logischer denken. Frühstück muss also sein. Wenn du aber morgens so gar nichts Festes herunterbekommst, versuch es wenigstens mit einer Tasse Milch oder Kakao oder mit einem Smoothie.

Einfach gesund frühstücken

Für ein gesundes Frühstück braucht man kein Ernährungsbuch. Merke dir ganz einfach: **viel** Vollkorn, Gemüse, Früchte und Milchprodukte, **wenig** Fett und **wenig** Zucker. Wie so ein Frühstück aussieht? Das kann zum Beispiel ein Müsli sein – am besten mit frischem Obst. Oder ein Brot – am gesündesten aus vollem Korn – mit Käse, Fruchtaufstrich oder Wurst. Dazu immer ein Stück Obst der Saison. Wer es lieber herzhaft mag, nimmt Gurke, Salat oder Tomate. Dir ist es für Obst oder Gemüse noch zu früh? Dann trinke ein Glas Saft zu deinem Brot oder Müsli. Zum Beispiel einen Orangen- oder Möhrensaft.

Tipps für einen guten Morgen

Hektik in aller Frühe verdirbt jedem den Appetit und die Laune. Mit der richtigen Planung bricht der Tag ruhig an.

Lege abends gemeinsam mit deinen Eltern die Kleidung für den nächsten Tag heraus und achte darauf, dass der Schulranzen fertig gepackt ist.

Steh früh genug auf und lege mit deinen Eltern eine Uhrzeit fest, zu der sich alle am Frühstückstisch versammeln. Gemeinsam schmeckt es einfach besser.

Bereitet das Frühstück so weit wie möglich vor, deckt gemeinsam den Tisch und stellt alles, was nicht gekühlt werden muss, schon bereit.

Kaba mit Schoko-Schnitte

Kennt ihr das Lieblingsgetränk von Samuel und Peperoni? Genau: Kaba! Schließlich wachsen in Peperonis Heimat Afrika ja die Kakaobohnen, aus dem Kakaopulver hergestellt wird. Kaba kombiniert mit einer Schlemmerschnitte, das ist genau das richtige Frühstück für alle Schokofans!

Zutaten für 4 Portionen:

4 TL Kakaopulver
2 TL Zucker
800 ml Vollmilch
4 Scheiben Vollkornbrot
4 EL Frischkäse
4 EL Schoko- oder Nuss-Nougat-Creme
2 EL gehackte Mandeln

Zubereitungszeit:
ca. 20 Minuten

1. Vier Becher bereitstellen und je 1 gehäuften TL Kakaopulver, je ½ TL Zucker und etwas Milch hineingeben und alles zu einer glatten Masse verrühren.

2. Die restliche Milch in einem Topf warm werden lassen. Dabei gut aufpassen: Wenn sie zu heiß wird, fängt sie an zu schäumen und kann überkochen. Sobald sich die ersten Bläschen bilden, den Topf sofort vom Herd nehmen. Die Milch zum angerührten Kakaopulver gießen und alles verrühren.

3. Jede Brotscheibe erst mit 1 EL Frischkäse, dann mit 1 EL Schoko- oder Nuss-Nougat-Creme bestreichen und mit den gehackten Mandeln bestreuen.

Rabbats Guckloch-Toast

Zutaten für 1 Einmachglas mit Schraubverschluss:

250 g Himbeeren
100 g getrocknete Aprikosen
2 EL Limetten- oder Zitronensaft
etwas Honig nach eigenem Geschmack

Außerdem pro Gucklochtoast:
2 Scheiben Toastbrot
1 EL Butter

Zubereitungszeit:
ca. 20 Minuten

1. Die Himbeeren verlesen, das heißt, die Früchte genau ansehen und schimmelige oder faule Beeren wegwerfen. Dann die Beeren in ein großes Sieb geben und unter fließendem kaltem Wasser abbrausen. Die Aprikosen klein schneiden.

2. Die Beeren in einen hohen Rührbecher geben. Die Aprikosen und den Limetten- oder Zitronensaft dazugeben und die Zutaten mit dem Stabmixer so lange pürieren, bis keine Stückchen mehr zu sehen sind. Achtung: Stelle den Rührbecher dafür auf eine rutschfeste Unterlage – zum Beispiel auf ein feuchtes Spültuch –, halte den Becher beim Pürieren gut mit einer Hand fest und halte den Stabmixer immer schön unten im Becher, damit nichts herausspritzen kann.

3. Wenn du möchtest, kannst du den Aufstrich noch mit etwas Honig süßen. Dann füllst du ihn in ein sauberes Einmachglas.

4. Die Brote toasten. Aus einer Scheibe Toast mit einem Plätzchenausstecher ein Guckloch ausstechen. Beide Scheiben mit etwas Butter bestreichen. Die ganze Scheibe mit 1 EL Fruchtaufstrich bestreichen und die Scheibe mit Guckloch mit der Butterseite nach unten darauflegen.

Ich liebe Toast mit Konfitüre. Diese hier kannst du blitzschnell selber machen. Weil kein Zucker drin ist und weil sie nicht gekocht ist, musst du sie aber unbedingt im Kühlschrank aufbewahren. Dort hält sie sich etwa eine Woche.

Helenes rosa Frühstück

Für 8 Vorratsportionen: 250 g Rote Bete (vorgegart und vakuumiert) · 100 g Sonnenblumenkerne
3 EL Sahnemeerrettich · Salz · 2–3 TL Zitronensaft Zubereitungszeit: ca. 20 Minuten

1.

Die Rote Bete etwas abtropfen lassen, auf ein Schneidebrett legen und mit dem Messer in grobe Stücke schneiden.

Helene liebt Rosa. Deshalb bereitet sie sich ihren Lieblings-Brotaufstrich gerne auf Vorrat zu. Mal gibt es ihn auf Toast, mal auf Vollkornbrot und oft mit knackigen Apfelspalten.

2. Die Stücke zusammen mit den Sonnenblumenkernen und dem Meerrettich in einen hohen Mixbecher geben. Die Zutaten mit dem Stabmixer zu einer glatten Creme pürieren.

3. Den Aufstrich mit Salz und Zitronensaft abschmecken und in heiß ausgespülte, saubere Einmachgläser mit Schraubverschluss füllen. Er hält sich im Kühlschrank etwa 3 bis 4 Tage.

Karajans Lachsbrötchen

Für 4 Brötchen:

1 Frühlingszwiebel
50 g Räucherlachs
100 g Doppelrahmfrischkäse
2 TL Zitronensaft
Salz, Pfeffer aus der Mühle
4 Baguettebrötchen

Zubereitungszeit:
ca. 15 Minuten

1. Von der Frühlingszwiebel das untere Ende mit den weißen Wurzelfäden und die oberen weichen, dunkelgrünen Teile abschneiden. Die Frühlingszwiebel waschen und in feine Ringe schneiden.

2. Den Räucherlachs zuerst längs in Streifen und dann quer in kleine Stücke schneiden.

3. Den Frischkäse in einer kleinen Schüssel mit einer Gabel mit den Frühlingszwiebelringen vermischen. Dann die Räucherlachsstückchen und den Zitronensaft untermischen. Den Frischkäse mit 1 Prise Salz und etwas Pfeffer würzen.

4. Die Brötchen auf einem rutschfesten Schneidebrett vorsichtig längs durchschneiden und jede Hälfte mit der Frischkäsemischung bestreichen.

2.

Die Stücke zusammen mit den Sonnenblumenkernen und dem Meerrettich in einen hohen Mixbecher geben. Die Zutaten mit dem Stabmixer zu einer glatten Creme pürieren.

3.

Den Aufstrich mit Salz und Zitronensaft abschmecken und in heiß ausgespülte, saubere Einmachgläser mit Schraubverschluss füllen. Er hält sich im Kühlschrank etwa 3 bis 4 Tage.

Ricotta-Honig-Aufstrich

Zutaten für 4 Portionen:

1 reife Birne
100 g Ricotta oder einen anderen Frischkäse
1 TL Honig
2–3 TL Zitronensaft
1 TL gehackte Mandeln

Zubereitungszeit:
ca. 15 Minuten

1. Die Birne unter fließendem Wasser waschen, dann mit Küchenpapier trocken tupfen. Die Birne auf ein rutschfestes Schneidebrett legen und längs in Viertel schneiden. Aus den Birnenvierteln mit einem spitzen Messer das Kerngehäuse mit dem Stiel und dem Blütenansatz herausschneiden. Zwei von den Birnenvierteln schälen und in kleine Würfel schneiden. Denk dabei an den Krallengriff (Seite 17)!

2. Den Ricotta oder anderen Frischkäse in einer kleinen Schüssel mit dem Honig und dem Zitronensaft verrühren.

3. Die Birnenwürfel untermischen und die gehackten Mandeln darüberstreuen. Schmeckt auf Toast oder Brötchen genauso lecker wie auf Vollkornbrot. Und die übrigen Birnenviertel? Die futterst du nebenbei auf.

Ricotta ist ein cremiger, italienischer Frischkäse, aus dem du süße, aber auch herzhafte Brotaufstriche machen kannst. Für einen süßen Aufstrich kannst du klein geschnittene Lieblingsfrüchte nehmen. Und herzhafte schmecken mit Gurken-, Paprika- oder Tomatenwürfeln.

Erdnussaufstrich

Zutaten für 1 kleines Einmachglas:

8 Cocktailtomaten
10 Rucolablätter
100 g Erdnüsse
1 TL Zitronensaft
Paprikapulver
Salz, Pfeffer aus der Mühle

Zubereitungszeit:
ca. 20 Minuten

1. Die Tomaten waschen, trocken tupfen und vierteln. Den Rucola waschen, trocken schütteln und klein schneiden.

2. Die Tomatenviertel, die Erdnüsse und den Zitronensaft in den elektrischen Zerkleinerer geben und zu einer cremigen Masse pürieren. Zuletzt den Rucola nur kurz untermixen. Darauf achten, dass der Deckel beim Mixen fest verschlossen ist und erst dann das Gerät einschalten. Den Behälter beim Pürieren gut festhalten und nach dem Pürieren das Kabel gleich wieder aus der Steckdose ziehen.

3. Ist der Aufstrich nach dem Pürieren noch zu fest, waren die Tomaten nicht saftig genug. Dann einfach noch 1 weitere Tomate untermixen.

4. Den Aufstrich probieren und mit Paprikapulver, Salz und Pfeffer nach deinem eigenen Geschmack würzen. Den Aufstrich in ein sauberes Einmachglas füllen und im Kühlschrank aufbewahren. Er hält sich mindestens 2 bis 3 Tage.

Ein Rezept von meinem Freund Max. Er liebt Erdnüsse und experimentiert gerne damit.

Karajans Lachsbrötchen

Für 4 Brötchen:

1 Frühlingszwiebel
50 g Räucherlachs
100 g Doppelrahmfrischkäse
2 TL Zitronensaft
Salz, Pfeffer aus der Mühle
4 Baguettebrötchen

Zubereitungszeit:
ca. 15 Minuten

1. Von der Frühlingszwiebel das untere Ende mit den weißen Wurzelfäden und die oberen weichen, dunkelgrünen Teile abschneiden. Die Frühlingszwiebel waschen und in feine Ringe schneiden.

2. Den Räucherlachs zuerst längs in Streifen und dann quer in kleine Stücke schneiden.

3. Den Frischkäse in einer kleinen Schüssel mit einer Gabel mit den Frühlingszwiebelringen vermischen. Dann die Räucherlachsstückchen und den Zitronensaft untermischen. Den Frischkäse mit 1 Prise Salz und etwas Pfeffer würzen.

4. Die Brötchen auf einem rutschfesten Schneidebrett vorsichtig längs durchschneiden und jede Hälfte mit der Frischkäsemischung bestreichen.

Sonntagseier in der Muffinform

Zutaten für 1 Muffinblech mit 6 Mulden:

6 Scheiben geräucherter Schinken
1 Frühlingszwiebel
½ Paprikaschote
5 Eier
Salz, Pfeffer aus der Mühle

Außerdem:
Öl zum Einfetten der Form

Zubereitungszeit:
ca. 15 Minuten
+ ca. 20 Minuten Backzeit

1. Den Backofen auf 180 °C vorheizen. Die Mulden des Muffinblechs mit etwas Öl auspinseln, damit sich die Eier später gut aus der Form lösen.

2. Jeweils 1 Scheibe Schinken in eine Mulde von der Muffinform legen, und zwar so, dass die Scheiben den seitlichen Rand der Mulden bedecken und oben etwas herausragen.

3. Von der Frühlingszwiebel das untere Ende mit den weißen Wurzelfäden und die oberen weichen, dunkelgrünen Teile abschneiden. Die Frühlingszwiebel waschen und in feine Ringe schneiden. Die Paprikaschote waschen, den Stielansatz, die Kerne und weißen Rippen entfernen. Die Paprika in sehr kleine Würfel schneiden.

4. Die Eier aufschlagen und in eine Schüssel geben. Die Frühlingszwiebeln, die Paprika, etwas Salz und Pfeffer dazugeben und alles mit einer Gabel oder einem Schneebesen verquirlen.

5. Die Masse mit einem Schöpflöffel vorsichtig in die Mulden mit dem Schinken füllen, dabei einen fingerbreiten Rand nach oben lassen, denn das Ei dehnt sich beim Backen aus. Das Blech vorsichtig in den Backofen schieben und etwa 20 Minuten backen.

Überrasche doch mal deine Familie damit!

Sei vorsichtig, wenn du das Blech aus dem heißen Ofen holst. Zieh dafür Topfhandschuhe an oder benutze große Topflappen. Stelle das Blech auf eine rutschfeste, hitzebeständige Unterlage und löse die Eier mit einem Löffel vorsichtig heraus.

Ich liebe Bananensplit, so heißt die Eisspezialität mit Banane und Schoko. Deshalb mache ich mir auch manchmal Bananensplit-Joghurt und rühre noch 2 EL Schokoraspel unter. Köstlich!!!
14

Tingos Knusper-Bananenjoghurt

Klar kannst du Bananenjoghurt auch schon fertig kaufen, aber viel fruchtiger schmeckt er selbst gerührt. Mach den Vergleich! Wenn du die Joghurtmasse – ohne Knusperzutaten – einfrierst, bekommst du übrigens köstliches Bananeneis.

Für 4 Portionen:

4 reife Bananen
500 g Naturjoghurt
1–2 TL Zitronensaft
30 g gehackte Mandeln
Honig zum Beträufeln
4 EL Cornflakes
4 TL Knuspermüsli

Zubereitungszeit:
ca. 20 Minuten

1. Die Bananen schälen. 2 Bananen mit einer Gabel in einer flachen Schale zerdrücken. Den Joghurt in eine Schüssel geben und das Püree mit der Gabel gleichmäßig unterrühren.

2. Von den übrigen Bananen mehrere Scheiben abschneiden. Die Scheiben mit etwas Zitronensaft beträufeln und für die Deko beiseitelegen. Den Rest in kleine Stücke schneiden und unter den Joghurt mischen. Wer mag, rührt noch 1 TL Zitronensaft unter. Den fertigen Bananenjoghurt auf vier Schälchen verteilen.

3. Die Mandeln über den Joghurt streuen. Etwas Honig mit einem kleinen Löffel darüberträufeln. Die Cornflakes und das Knuspermüsli darüberstreuen. Zuletzt die Bananenscheiben auf dem Joghurt verteilen.

Gute-Laune-Smoothie

Für 4 Gläser:

100 g tiefgekühlte Mangowürfel
1 reife Banane
5 EL Naturjoghurt
5 EL Haferflocken
½ l Orangensaft

Zubereitungszeit:
ca. 5 Minuten +
10 Minuten Antauzeit
für die Mangowürfel

1. Die Mangowürfel in einen hohen Rührbecher geben und etwa 10 Minuten antauen lassen.

2. Die Banane schälen und grob zerteilen. Die Banane, den Joghurt und die Haferflocken zu den Mangowürfeln in den Becher geben.

3. Alles mit dem Stabmixer pürieren, bis keine Klümpchen mehr zu sehen sind. Dann den Orangensaft kurz untermixen. Achtung: Stelle den Rührbecher immer auf eine rutschfeste Unterlage – zum Beispiel auf ein feuchtes Spültuch –, halte den Becher beim Pürieren gut mit einer Hand fest und halte den Stabmixer immer schön unten im Becher, damit nichts herausspritzen kann.

Fünf Portionen Obst oder Gemüse sollte man am Tag essen, um gesund und fit zu sein. Sagen Ernährungsexperten. Mit einem Smoothie habt ihr schon die erste Portion. Mixt Smoothies im Sommer mit Beeren, im Herbst vielleicht mit Zwetschgen oder Birnen. Und im Winter, wenn es kein heimisches Obst mehr gibt, mischt ihr, wie in diesem Rezept, Tiefkühlfrüchte mit Banane.

Smoothies sind perfekt für kleine Morgenmuffel, die keine Lust auf Frühstück haben.

Englisch lernen mit Paul
Stundenplan

PAUSE!

Pause, die auch Power gibt

Für die Schulpause gilt das Gleiche wie fürs Frühstück: Vollkorn- und Milchprodukte, Obst und Gemüse geben dir Energie und helfen dir, konzentriert zu bleiben. Also jeden Tag Vollkornbrot, Joghurt und Apfel? Och nee, das wird auf Dauer ziemlich eintönig. Wir haben bessere Ideen!

So kommt Abwechslung in die Pausenbox

Abwechslung fängt schon damit an, dass du immer mal wieder die Brotsorten wechselst. Das gesündeste Pausenbrot ist ein Brot aus vollem Korn. Brote mit Nüssen, Kernen oder geraspelten Möhren sind oft saftiger als Sorten mit grobem Vollkornschrot. Wer mit Vollkorn einfach nichts anfangen kann, der nimmt halt Sonnenblumen- oder Mischbrot. Statt die Schnitten mit Butter zu bestreichen, probiere mal saure Sahne, Mayonnaise, Ketchup, Senf, Pesto oder Frischkäse. Dünn geschnittene Gurken, Radieschen und Möhren, aber auch Salatblätter oder Sprossen halten das Brot schön saftig. Und machen es gesünder. Immer nur Brot ist natürlich langweilig: Wie wäre es mal mit gefüllten Wraps, knackigen Salaten, bunten Spießen, Quark, Joghurt oder mit selbst gemachten Müsliriegeln? Die passenden Rezepte findest du auf den nächsten Seiten.

Einmal kochen – doppelt lecker

Perfekt für die Pause sind die Reste vom Vortag: Gemüsekuchen schmecken auch kalt lecker. Pfannkuchen werden für den nächsten Tag zu gefüllten Röllchen, zum Beispiel mit saurer Sahne, Salatblättern, Gemüsestiften und Thunfisch oder Hähnchenfleisch. Kartoffel- oder Nudelsalat sind ebenso wie Antipasti lecker zur Pause. Hackbraten oder Hackbällchen werden kalt zum köstlichen Brotbelag, ebenso wie Schnitzel, Braten, Hähnchen- oder Putenfleisch.

Brainfood – Futter fürs Gehirn

Obst und Gemüse enthalten viele Vitalstoffe und gehören immer in die Brotzeitbox. Am besten geputzt und klein geschnitten als Fingerfood. Nimm möglichst oft Obst und Gemüse mit, das bei uns gerade Saison hat. Auch Trockenfrüchte sind eine gesunde Wahl. Besonders im Winter, wenn bei uns nichts Frisches wächst. Gut für die

Nerven und die Konzentration sind Nüsse und Kerne: Streue Sonnenblumenkerne über den Salat oder aufs Brot, rühre deine Lieblingsnüsse unter das Müsli oder nimm ein Döschen mit Nüssen, Kernen oder vielleicht Studentenfutter zum Knabbern mit zur Pause.

Pausengetränk nicht vergessen

Nicht nur Essen ist wichtig. Auch wenn dem Körper Flüssigkeit fehlt, kann er nicht mehr richtig arbeiten. Man wird müde, unkonzentriert, kann sogar Kopfschmerzen bekommen. Das gesündeste Pausengetränk ist Wasser. Aber auch ungesüßte Früchte- und Kräutertees, verdünnte Obst- und Gemüsesäfte sind in Ordnung. Und für alle, die zur Pause keinen Appetit auf Essen haben: Milch, Kakao, Trinkjoghurt oder ein Smoothie sind eine gesunde Alternative.

Speedtipps von Leander:

Wer am Abend alles für Frühstück und Pausenbrotzeit vorbereitet, spart wertvolle Minuten am Morgen:

* Geschirr, Brotzeitboxen und Getränke bereitstellen.
* Obst und Gemüse waschen, klein schneiden und in luftdichten Boxen in den Kühlschrank stellen.
* Gewaschenen und gut abgetropften Blattsalat und frische Kräuter in gut schließende Schüsseln packen. In den Kühlschrank stellen und jeden Morgen ein paar Blätter fürs Pausenbrot herausnehmen.
* Dressing für Salate fertig gemixt in Flaschen mit Schraubverschluss abfüllen. So hat man den perfekten Vorrat für mehrere Tage.
* Viele Rezepte aus diesem Buch lassen sich schon am Vortag zubereiten und im Kühlschrank aufbewahren.
* Und wer morgens gar keine Lust oder Zeit hat: Gut eingewickelt überstehen Pausenbrote auch eine Nacht im Kühlschrank.

Wusstest du, dass „wrap" aus dem Englischen kommt und einwickeln heißt? Und einwickeln kannst du in Tortillafladen alles, was dir schmeckt: zum Beispiel Gemüse, Schinken, gebratenes Fleisch, Feta- oder anderen Käse... Und manche wickeln sich in ihre Wraps sogar Fischstäbchen.

Thunfisch-Wraps

Zutaten für 4 Portionen:

4 große Salatblätter
1 Paprikaschote
1 Dose Thunfisch
(im eigenen Saft,
130 g Abtropfgewicht)
2 Essiggurken
4 EL saure Sahne
2 EL Mayonnaise
1 TL Senf
4 Tortillafladen

Zubereitungszeit:
ca. 25 Minuten

1. Die Salatblätter unter kaltem Wasser abbrausen und mit Küchenpapier trocken tupfen.

2. Die Paprikaschote waschen, mit Küchenpapier trocken tupfen. Die Paprika auf ein rutschfestes Schneidebrett legen und mit dem Messer längs halbieren. Den Stiel herausschneiden und die Kerne weißen Rippen entfernen. Die Hälften längs in dünne Streifen schneiden.

3. Den Thunfisch in ein Sieb schütten und gut abtropfen lassen. Die Essiggurken ebenfalls abtropfen lassen und in kleine Würfel schneiden.

4. In einer kleinen Schüssel die saure Sahne mit der Mayonnaise und dem Senf verrühren. Die Gurkenwürfel und den Thunfisch untermischen.

5. Die Tortillafladen in einer Pfanne ohne Fett nacheinander kurz warm werden lassen, dann lassen sie sich besser aufrollen.

6. Jeden Fladen mit einem Salatblatt belegen. Die Thunfischmasse gleichmäßig darauf verteilen und die Paprikastreifen darüberlegen. Erst jeweils eine Seite vom Fladen etwa 2 cm nach oben klappen und dann die Fladen von einer Seite her fest aufrollen. Die Wraps auf der geschlossenen Seite mit Brotpapier umwickeln, damit du später reinbeißen kannst, ohne die Finger richtig schmutzig zu machen. Nimm trotzdem eine Serviette mit!

Putensandwich

Für 2 Doppeldecker:

1 kleine Fenchelknolle
1 Orange
4 Scheiben saftiges Vollkornbrot oder deine Lieblingsbrotsorte
4 TL saure Sahne
4 Scheiben Putenschinken

Zubereitungszeit:
ca. 20 Minuten

1. Die Fenchelknolle waschen, mit Küchenpapier trocken tupfen und auf ein rutschfestes Schneidebrett legen. Die harten seitlichen Stiele wegschneiden. Das Fenchelgrün abschneiden und klein schneiden. Die Fenchelknolle längs vorsichtig durchschneiden. Die Fenchelhälften mit den Schnittflächen nach unten aufs Brett legen. Den festen Strunk unten vorsichtig keilförmig herausschneiden. Den Fenchel in feine Streifen schneiden. Denke beim Schneiden immer an den Krallengriff (Seite 17)!

2. Von der Orange oben und unten die Schale abschneiden, dann lässt sie sich leichter schälen. Die Orange schälen und dann die einzelnen Spalten voneinander trennen.

3. Alle Brotscheiben mit saurer Sahne bestreichen und mit je 1 Scheibe Putenschinken belegen. Auf 2 Brotscheiben jeweils 4 Fenchelstreifen und 3 Orangenspalten legen, mit Fenchelgrün bestreuen und die übrigen Brotscheiben mit der Schinkenseite nach unten darauflegen.

4. Die Sandwiches halbieren und fest in Brotpapier einwickeln, damit sie beim Transport nicht auseinanderfallen. Die übrigen Fenchelstreifen und Orangenspalten mit in die Brotzeitbox legen und zum Brot knabbern.

Statt Fenchel schmecken mir auch Eissalat- oder Chicoréeblätter gut zur Orange. Und manchmal nehme ich als Früchte Mandarinen oder Birnen statt Orange.

Erdbeer-Mozzarella-Burger

Für 4 Burger:

1 Kugel Mozzarella
(125 g Abtropfgewicht)
8 Erdbeeren
12 Blätter Basilikum oder
Feldsalat
4 Mohn- oder Sesambrötchen
4 EL Doppelrahmfrischkäse

Zubereitungszeit:
ca. 15 Minuten

1. Den Mozzarella gut abtropfen lassen und in nicht zu dicke Scheiben schneiden.

2. Die Erdbeeren waschen, die Blätter mit einem kleinen, spitzen Messer kreisförmig herausschneiden. Die Erdbeeren in Scheiben schneiden.

3. Die Basilikum- oder Feldsalatblätter waschen und mit Küchenpapier trocken tupfen.

4. Die Brötchen in zwei Hälften schneiden. Alle Hälften dünn mit Frischkäse bestreichen.

5. Die unteren Brötchenhälften erst mit den Basilikum- oder Feldsalatblättern, dann mit Mozzarellascheiben und Erdbeeren belegen. Die oberen Brötchenhälften daraufklappen.

Mini-Burger mit Ziegenkäse

Für 4 Mini-Burger:

1 Birne
4 Mini-Brötchen
2 EL saure Sahne
4 Ziegenfrischkäsetaler
Pfeffer aus der Mühle

Zubereitungszeit:
ca. 10 Minuten

1. Die Birne unter fließendem Wasser waschen, dann mit Küchenpapier trocken tupfen. Die Birne auf ein rutschfestes Schneidebrett legen und längs in 4 Teile schneiden. Aus den Vierteln mit einem spitzen Messer das Kerngehäuse mit dem Stiel und dem Blütenansatz herausschneiden. Dann die Birnenviertel in Scheiben schneiden. Denk dabei an den Krallengriff (Seite 17)!

2. Die Mini-Brötchen in zwei Hälften schneiden. Alle Hälften mit etwas saurer Sahne bestreichen.

3. Die unteren Brötchenhälften mit den Birnenscheiben belegen – bleiben Birnen übrig, einfach auffuttern. Je einen Ziegenfrischkäsetaler auf die Birnen legen. Mit etwas Pfeffer bestreuen. Die oberen Brötchenhälften daraufsetzen.

Powerbowl

Für 1 Pausen-Portion:

½ Romanasalat
1 Apfel
30 g Walnusskerne
1 EL Rosinen
2 EL Öl, z. B. Oliven- oder Sonnenblumenöl
2 EL Apfelessig
1 TL Honig
Salz, Pfeffer aus der Mühle

Zubereitungszeit:
ca. 20 Minuten

1. Vom Salat den Strunk wegschneiden. Die Blätter quer in 1 bis 2 Zentimeter breite Streifen schneiden und in kaltem Wasser gründlich waschen. Den Salat in ein Sieb geben und gut abtropfen lassen.

2. Den Apfel waschen, mit Küchenpapier trocken reiben, auf ein rutschfestes Schneidebrett legen und längs in vier Teile schneiden. Aus den Vierteln mit einem spitzen Messer das Kerngehäuse mit dem Stiel und den Blütenansatz herausschneiden. Dann die Äpfel in Würfel schneiden. Denk dabei an den Krallengriff (Seite 17)!

3. Den Salat und die Apfelstücke in eine Schüssel mit Deckel geben. Die Walnusskerne zwischen den Fingern etwas kleiner zerbröseln und über Salat und Äpfel streuen. Die Rosinen darüber verteilen und die Schüssel mit dem Deckel verschließen.

4. Das Öl mit dem Essig, dem Honig, etwas Salz und Pfeffer in einem Schälchen verrühren. Das Dressing in ein Glas mit Schraubverschluss füllen und separat mitnehmen. Das Dressing erst in der Pause über den Salat gießen und alles gut vermischen. Gabel nicht vergessen!

Eine Pause nach meinem Geschmack – da ist viel zum Knabbern drin. Wenn länger Schule ist, hat Benni so eine Schüssel (englisch: „bowl"), die Power gibt, oft dabei.

Nüsse, getrocknete Früchte und Haferflocken sind gesund und unterstützen unser Gehirn beim Lernen. In Haferflocken stecken außerdem sogenannte Weckamine, die den Körper in Schwung bringen. „Den sticht der Hafer" sagt man deshalb im Volksmund, wenn ein Mensch vor Tatendrang nur so übersprudelt.

Müsliriegel

Für 20 kleine Riegel:

100 g Walnusskerne
50 g getrocknete Apfelringe
40 g getrocknete Cranberries
50 g weiche Butter
3 EL Honig
1 EL Orangensaft
1 Ei
50 g feine Haferflocken
2 eckige Backoblaten
(je 120 × 200 mm)

Zubereitungszeit:
ca. 15 Minuten +
ca. 10 Minuten Backzeit

1. Den Backofen auf 180 °C vorheizen. Die Walnusskerne in den elektrischen Zerkleinerer geben und nicht zu fein, eher grob hacken. Darauf achten, dass der Deckel fest verschlossen ist und erst dann das Gerät einschalten. Den Behälter beim Pürieren gut festhalten und nach dem Pürieren das Kabel gleich wieder aus der Steckdose ziehen. Walnüsse in ein Schälchen füllen und dann die Apfelringe und die Cranberries mit dem elektrischen Zerkleinerer grob hacken.

2. Die weiche Butter mit dem Honig, dem Orangensaft und dem Ei in eine Rührschüssel geben und mit den Rührquirlen des Handmixers schaumig schlagen.

3. Die Haferflocken, die gehackten Walnusskerne, Apfelringe und Cranberries mit einem Kochlöffel untermischen.

4. Ein Backblech mit Backpapier belegen und die Backoblaten nebeneinander aufs Blech legen. Die Masse mit einem Teigschaber oder einem langen Messer gleichmäßig dick auf die Oblaten streichen.

5. Das Blech vorsichtig auf die mittlere Schiene in den Ofen schieben und etwa 10 Minuten backen. Dann mit Topfhandschuhen oder großen Topflappen vorsichtig aus dem Ofen holen und abkühlen lassen.

6. Jede Müsliplatte auf einem Schneidebrett mit einem scharfen Messer in 5 Streifen schneiden und dann jeden Streifen noch mal quer halbieren.

Pause am Spieß

Für 4 Spieße: 2 Scheiben Brot (deine Lieblingssorte) · 60 g Schnittkäse am Stück (deine Lieblingssorte) · 12 Cocktailtomaten · 8 Kugeln Mini-Mozzarella · ca. 20 Basilikumblätter
Außerdem: 4 Holzspieße **Zubereitungszeit:** ca. 15 Minuten

2.

Die Tomaten waschen und mit Küchenpapier trocken tupfen.

3.

Den Mini-Mozzarella in einem Sieb abtropfen lassen. Die Basilikumblätter waschen und trocken schütteln. Alle Zutaten abwechselnd auf die Spieße stecken und in eine Brotzeitdose packen.

Ich mag alle Früchte und brauche Abwechslung. Deshalb schneide ich Früchte, die man nicht aufspießen kann, einfach klein. Dann packe ich sie ins Einmachglas und kleckse den Dip obendrauf. Löffel mitnehmen nicht vergessen!

Früchtelollis mit Dip

Für 2 Portionen:

100 g Magerquark
50 g Rahmjoghurt
1 Päckchen Vanillezucker
2 Kiwis
1 Banane
2–3 EL Zitronensaft zum Bepinseln
10 Erdbeeren

Außerdem:
Holzstäbchen für Eis am Stiel

Zubereitungszeit:
ca. 20 Minuten

1. In einem kleinen Schälchen den Quark mit dem Joghurt und dem Vanillezucker verrühren.

2. Die Kiwis auf ein Schneidebrett legen und mit dem Sparschäler rundherum schälen. Dann in etwa 1 Zentimeter dicke Scheiben schneiden und in jede Scheibe von unten ein Holzstäbchen hineinstecken.

3. Die Banane schälen und rundherum mit etwas Zitronensaft bepinseln, damit sie nicht braun wird. Anschließend in 2 bis 3 Zentimeter dicke Stücke schneiden und in jedes Stück ein Holzstäbchen stecken.

4. Die Erdbeeren waschen, die Blätter vorsichtig mit einem kleinen, spitzen Messer kreisförmig herausschneiden. In jede Erdbeere ein Holzstäbchen stecken.

5. Alle Früchte in eine Brotzeitbox legen. Den Dip in einer gut verschließbaren Dose oder in einem Einmachglas mit Schraubverschluss separat mitnehmen. In der Pause die Früchtelollis in den Dip eintauchen und genießen.

Quark-Muffins

Für 1 Muffinblech
mit 12 Mulden:

500 g Magerquark
100 g saure Sahne
80 g Zucker
3 Eier
1 Päckchen Vanille-Pudding-pulver

Außerdem:
12 Papierbackförmchen
nach Belieben zusätzlich:
Beeren oder andere Lieblings-früchte
Mandelblättchen

Zubereitungszeit:
ca. 20 Minuten +
20 Minuten Backzeit

1. Den Backofen auf 180 °C vorheizen. In jede Mulde des Muffinblechs 1 Papierbackförmchen setzen.

2. Den Quark, die saure Sahne, den Zucker, die Eier und das Puddingpulver in eine Rührschüssel geben und mit den Rührquirlen des Handmixers etwa 1 Minute verrühren.

3. Die Quarkmasse mit einem großen Löffel gleichmäßig auf die Papierbackförmchen verteilen. Wer mag, setzt obendrauf noch Beeren oder andere klein geschnittene Lieblingsfrüchte und streut ein paar Mandelblättchen darüber.

4. Das Muffinblech vorsichtig auf die mittlere Schiene in den Ofen schieben und 20 Minuten backen. Mit Topfhandschuhen oder großen Topflappen vorsichtig aus dem Ofen holen. Die Quark-Muffins etwas abkühlen lassen und dann vorsichtig mit einem Löffel aus dem Blech nehmen.

Ihr habt kein Muffinblech? Dann backt die Quarkmasse in einer kleinen runden Backform als Käsekuchen. Der schmeckt nämlich auch ohne Teig lecker.

Warum nicht zwischendurch mal eine süße Pause?

SCHULE AUS – HERD AN!

Ran an die Töpfe

Deine Eltern arbeiten lang und du hast Hunger, wenn du nach Hause kommst? Sich dann selbst was kochen zu können, wäre doch super. Werde dein eigener Küchenchef und bestimme, was auf deinen Teller kommt. Denn: Fertiggerichte sind langweilig und auf Dauer nicht gesund.

Fertiggerichte – praktisch oder ungesund?

Sie sind minutenschnell gemacht und wirklich bequem. Doch Zutaten wie Vitamine, Mineralstoffe und Ballaststoffe kommen in Fertiggerichten häufig zu kurz. Die meisten enthalten zu viel Fett, zu viel Salz, Zusatzstoffe und Geschmacksverstärker. Zu viel Fett macht dick, zu viel Salz ist ungesund und Zusatzstoffe können Allergien auslösen. Ob Geschmacksverstärker schädlich sind, das ist bis jetzt noch nicht völlig geklärt. Ab und zu ein Fertiggericht ist natürlich gar kein Problem. Häufig sollten Tütensuppen, Fertiglasagne, Tiefkühlpizza und Co. besser nicht auf den Tisch kommen.

Probieren geht über studieren

Dieses alte Sprichwort stimmt genau: Du kannst in der Schule noch so viel über Lebensmittel und Kochen erfahren, deine Hefteinträge lernen und studieren: Erst wenn du selber Essen zubereitest, verschiedene Gemüse- und Obstsorten, Kräuter und all die anderen Lebensmittel selber ausprobierst, weißt du, was dir wirklich schmeckt. Und natürlich auch, was dir nicht schmeckt. Wusstest du übrigens schon, dass der Geschmack sich ändert, je älter du wirst? Ist bewiesen. Trau dich also von Zeit zu Zeit wieder an die Lebensmittel heran, die du jetzt (noch) nicht magst.

Würzen ist reine Geschmackssache

Probieren ist auch beim Abschmecken von Rezepten wichtig. In den Rezepten stehen Salz und Pfeffer oft ohne Mengenangaben, denn wie viel du davon nimmst, ist wirklich Geschmackssache. Verwende Salz und Pfeffer, aber auch andere Gewürze und Kräuter erst mal vorsichtig und probiere zwischendurch. So kannst du sicher sein, dass du dein Essen nicht versalzt oder überwürzt. Nachwürzen kannst du später immer noch. Mit der Zeit lernst du deine Lieblingsgewürze kennen und bekommst ein Gefühl dafür, wie viel du davon verwenden magst.

Du bist der Küchenchef

Für die ersten Kochversuche ist es besser, sich genau an das Rezept zu halten. Wenn du aber schon etwas Erfahrung hast, trau dich ruhig, Rezepte nach eigenem Geschmack abzuwandeln. Tausche die Rezeptzutaten immer mal wieder gegen andere aus, nimm dein Lieblingsgemüse, deine Lieblingskräuter oder probiere einfach was ganz Neues. Genau das ist es nämlich, was Spaß macht und warum selbst gemachtes Essen viel interessanter schmeckt als jedes Fertiggericht.

Speedtipps von Leander: Vorrat für die schnelle Küche

Eine gute Alternative zu Fix-und-Fertig-Gerichten sind halbfertige Lebensmittel. Mit ihnen kann man Zeit sparen und trotzdem gesund kochen. Ein paar Beispiele:

* Pürierte Tomaten: Einfach ein paar Kräuter und Gewürze unterrühren und schon werden sie zu köstlichen Saucen und Suppen. Zum Beispiel zur blitzschnellen Bohnensuppe von Seite 66.
* Gekühlte oder tiefgekühlte Fertigteige: Aus Strudel- oder Blätterteig lassen sich leckere Gemüsekuchen backen. Bei fertigen Pizza- oder Flammkuchenteigen bestimmst du, was draufkommt. Probier doch mal den Flammkuchen mit Ziegenkäse von Seite 93.
* Tiefkühlgemüse: Es ist genauso gesund wie frisch geerntetes Gemüse und man spart sich das Putzen. Ideal für Beilagen, Aufläufe und Suppen, zum Beispiel für die Erbsensuppe auf Seite 69.
* Tiefkühlfrüchte: Sie sind gesund, schon fertig geputzt und tauen schnell auf. Ideal für Gebäck, Nachtisch und Smoothies wie den Gute-Laune-Smoothie von Seite 36.
* Apfelkompott oder Fruchtmus aus dem Glas: Die ideale Ergänzung zu Grießbrei, Mehlspeisen, Kartoffelpuffern oder als Dip zu Kurzgebratenem, z. B. zu Henrys Schlemmerschnitzel auf Seite 79.

Wenn ihr mittags allein zu Hause seid, könnt ihr euch ein schnelles Süppchen aus einem Glas Möhrenbrei für Babys machen. Den Brei in einem kleinen Topf mit 50 ml Orangensaft heiß werden lassen. Mit Salz, Curry und 1 TL saurer Sahne abschmecken.

Möhrensuppe

Für 4 Portionen:

700 ml Instant-Gemüsebrühe
600 g Möhren
3 Kartoffeln
4 Frühlingszwiebeln
1 EL Öl
100 ml Orangensaft
Salz
Currypulver
4 Scheiben Toastbrot
4 EL saure Sahne

Außerdem:
Zahnstocher

Arbeitszeit:
ca. 30 Minuten +
25 Minuten Kochzeit

1. Die Brühe nach Packungsanleitung mit 700 ml heißem Wasser und Instantpulver zubereiten.

2. Die Möhren auf ein rutschfestes Schneidebrett legen. Das Grün und die Enden oben und unten abschneiden. Die Möhren und die Kartoffeln mit einem Sparschäler schälen. Möhren in Scheiben, Kartoffeln in Würfel schneiden. Denk dabei an den Krallengriff (Seite 17)!

3. Von den Frühlingszwiebeln das untere Ende und die oberen weichen, dunkelgrünen Teile abschneiden. Die Frühlingszwiebeln waschen und in Ringe schneiden.

4. Das Öl in einem hohen Topf warm, aber nicht heiß werden lassen. Möhren, Frühlingszwiebeln und Kartoffeln dazugeben und bei mittlerer Hitze etwa 5 Minuten andünsten.

5. Brühe und Saft in den Topf gießen, kurz zum Kochen bringen, dann 25 Minuten bei mittlerer Hitze köcheln lassen.

6. Den Topf vom Herd nehmen und auf eine hitzebeständige, rutschfeste Unterlage stellen (z.B. auf ein Holzbrett, auf dem ein Spültuch liegt). Die Suppe mit dem Stabmixer fein pürieren. Achtung: Den Stabmixer immer unten am Boden halten, sonst spritzt die heiße Suppe aus dem Topf. Die Suppe wieder auf den Herd stellen, mit etwas Salz und Curry würzen.

7. Das Brot toasten. 2 Scheiben in je 8 Rechtecke, die anderen 2 Scheiben in je 8 Dreiecke schneiden. In die Dreiecke Zahnstocher stecken und als Segel auf die Rechtecke setzen. Suppe auf Teller verteilen, je 1 EL saure Sahne in die Mitte klecksen. Die Brotboote in die Suppe setzen.

Blitzschnelle Bohnensuppe

Zutaten für 4 Portionen: 2 Frühlingszwiebeln · 1 EL Öl · 1 l Tomatenpüree (Glas oder Tetrapak) 3 EL Texicana-Salsa oder Ketchup · Salz, Pfeffer aus der Mühle · 1 Dose Kidneybohnen (400 g) 1 Dose weiße Bohnen (400 g) Außerdem: Tacochips zum Bestreuen Zubereitungszeit: ca. 20 Minuten

1.

Von den Frühlingszwiebeln das untere Ende und die oberen weichen, dunkelgrünen Teile abschneiden. Die Frühlingszwiebeln waschen und in Ringe schneiden.

Das Leibgericht von meinem Freund Eddie ist Butterbrot mit Schnittlauch aus dem Garten. Das isst er gerne zu Salaten und zu Suppen wie dieser hier. Ist ja auch wirklich was Feines!

2.

In einem Topf das Öl erhitzen und die Frühlingszwiebeln darin etwa 2 Minuten bei mittlerer Hitze andünsten.

3.

Das Tomatenpüree dazugeben und heiß werden lassen. Nicht sprudelnd zum Kochen bringen, sonst spritzt die Suppe. Die Salsa oder das Ketchup unterrühren und die Suppe mit Salz und Pfeffer würzen.

4.

Die Kidneybohnen und die weißen Bohnen in ein Sieb schütten und mit kaltem Wasser gründlich abbrausen. Leicht abtropfen lassen und zur Tomatensuppe geben. Die Temperatur noch mal erhöhen, bis die Bohnen heiß sind. Die Bohnensuppe auf Teller verteilen und jeweils mit ein paar zerbröselten Tacochips bestreuen.

Braucht nicht viel länger als eine Tütensuppe, schmeckt aber besser!
Für mich müssen unbedingt Wiener Würstchen in die Suppe. Einfach klein schneiden, zum Schluss zur pürierten Suppe geben und kurz heiß werden lassen.

Blitzschnelle Erbsensuppe

Für 4 Portionen:

700 ml Instant-Brühe
4 Frühlingszwiebeln
1 EL Öl
400 g TK-Erbsen
1 Schuss Sahne
Salz, Pfeffer aus der Mühle

Zubereitungszeit:
ca. 15 Minuten

1. Die Brühe nach Packungsanleitung mit 700 ml heißem Wasser und Instantpulver zubereiten.

2. Von den Frühlingszwiebeln das untere Ende und die oberen weichen, dunkelgrünen Teile abschneiden. Die Frühlingszwiebeln waschen und in Ringe schneiden.

3. In einem Topf das Öl erhitzen und die Frühlingszwiebeln darin etwa 2 Minuten bei mittlerer Hitze andünsten.

4. Die tiefgekühlten Erbsen zugeben, die Brühe angießen, kurz aufkochen und etwa 5 Minuten köcheln lassen.

5. Die Sahne zugeben und die Suppe mit dem Stabmixer fein pürieren. Dafür den Topf vom Herd nehmen und auf eine hitzebeständige, rutschfeste Unterlage stellen (z. B. auf ein Holzbrett, auf dem ein Spültuch liegt). Achtung: Den Stabmixer immer unten am Boden halten, sonst spritzt die heiße Suppe aus dem Topf.

6. Den Topf wieder auf den Herd stellen und die Erbsensuppe mit Salz und Pfeffer abschmecken.

Silas' Minutensteak

Für 4 Portionen:

8 kleine, dünne Schweinelendchen (Minutensteaks)
Salz, Pfeffer aus der Mühle
400 g Brokkoli
800 g frische Tagliatelle (aus dem Kühlregal)
2 EL Öl
½ TL Honig
50 ml Zitronensaft
40 g kalte Butter

Zubereitungszeit:
ca. 30 Minuten

1. Die Schweinelendchen mit kaltem Wasser abbrausen. Auf ein Schneidebrett legen und mit Küchenpapier trocken tupfen. Von beiden Seiten salzen und pfeffern. Danach die Hände gründlich waschen.

2. Vom Brokkoli den unteren Teil des Stiels wegschneiden. Die weicheren Stücke oben schälen und in Würfel schneiden. Den Brokkolikopf in kleine Röschen zerteilen, waschen und mit den Bokkoliwürfeln in einen Topf geben. Etwa 2 Fingerbreit Wasser dazugießen, etwas Salz darüberstreuen. Brokkoli etwa 8 Minuten garen. Dann den Topf vom Herd nehmen.

3. Inzwischen für die Nudeln einen großen Topf mit Wasser zum Kochen bringen. 3 TL Salz dazugeben und die Nudeln darin etwa 3 Minuten bei mittlerer Hitze kochen. Aufpassen, dass das Nudelwasser nicht überkocht.

4. Das Öl in einer beschichteten Pfanne heiß werden lassen und das Fleisch darin vorsichtig von jeder Seite 2 bis 3 Minuten bei mittlerer Hitze braten. Das Fleisch kurz zum Warmhalten oben auf den Brokkoli legen.

5. Den Honig, den Zitronensaft und 50 ml Wasser in die Pfanne gießen, kurz aufkochen lassen. Den Bratensatz mit einem Kochlöffel vom Boden lösen. Die Temperatur kleiner stellen, die Butter unterrühren und die Sauce mit Salz und Pfeffer würzen. Die Nudeln zur Sauce geben und darin wenden.

6. Die Minutensteaks mit Nudeln und Brokkoli auf vier vorgewärmte Teller verteilen.

Natürlich essen mein Freund Silas und ich am liebsten ein saftiges Rindersteak, aber das gibt es nur am Wochenende. Wenn Silas mittags heimkommt, muss es schnell gehen und die kleinen Schweinelendchen sind blitzschnell fertig.

Ricotta-Gnocchi

Für 4 Portionen:

500 g Ricotta
2 Eier
100 g Mehl
100 g geriebener Parmesan
Salz, Pfeffer aus der Mühle
1 Handvoll Basilikumblätter
1 Dose Pizzatomaten (400 g)

Außerdem:
geriebener Parmesan zum Bestreuen

Zubereitungszeit:
ca. 30 Minuten

1. Den Ricotta mit den Eiern, dem Mehl und dem Parmesan in eine Schüssel geben. Alles mit den Rührquirlen des Handmixers zu einem glatten Teig verrühren. Mit Salz und Pfeffer würzen.

2. Die Basilikumblätter waschen, trocken tupfen und in feine Streifen schneiden.

3. Wasser in einem großen Topf erhitzen. Dabei nur so viel Wasser einfüllen, dass ein breiter Rand frei bleibt, damit später nichts überkochen kann. Sobald das Wasser sprudelnd kocht, die Temperatur etwa auf die Hälfte herunterdrehen und 2 TL Salz dazugeben.

4. Vom Gnocchiteig mit einem Esslöffel Nocken abstechen. Mithilfe eines zweiten Löffels den Teig vom Löffel ins Wasser schieben. Vorsichtig, damit das heiße Wasser nicht hochspritzt. Wenn der Teig aufgebraucht ist, die Gnocchi etwa 10 Minuten bei mittlerer Hitze gar ziehen lassen. Das Wasser darf nicht sprudelnd kochen, sonst fallen die Gnocchi auseinander.

5. Inzwischen die Tomaten in einen kleinen Topf geben und heiß werden lassen. Die Tomaten mit Salz und Pfeffer würzen und das Basilikum unterrühren.

6. Die Sauce auf vier Teller verteilen. Die Gnocchi mit einem Schaumlöffel aus dem Wasser heben und auf die Sauce setzen. Mit frischem Pfeffer und Parmesan bestreuen.

So lecker wie Kartoffel-Gnocchi, aber viel einfacher selber zu machen!
Statt Ricotta, dem italienischen Frischkäse, könnt ihr genauso gut Quark für den Gnocchiteig nehmen.

Fast noch lieber als Fleisch esse ich Fischstäbchen. Am liebsten mit Avocadodip. Wisst ihr, warum ich besonders die Avocadosorte Hass – das ist die mit der knubbeligen Schale – so gut finde? Man nennt sie auch Alligatorbirne. Das gefällt mir!

Fischstäbchen mit Alligator-Dip

Der Dip schmeckt nur lecker, wenn die Avocado richtig reif ist. Beim Einkaufen kann man das erkennen, wenn die Enden der Avocado auf Druck leicht nachgeben. Ist die Avocado schon im Ganzen rundherum weich, dann ist sie schon älter.

Für 4 Portionen:

2 vollreife Avocados
20 Basilikumblätter
4 EL Zitronensaft
Salz, Pfeffer aus der Mühle
2 EL Öl
2 Packungen tiefgekühlte Fischstäbchen (à 450 g)
2 Bio-Zitronen

Zubereitungszeit:
ca. 25 Minuten

1. Jede Avocado rundherum längs einschneiden. Die Avocadohälften durch Drehen voneinander lösen. Die Kerne entfernen. Das Fruchtfleisch mit einem Löffel aus der Schale lösen und in einen hohen Mixbecher geben.

2. Die Basilikumblätter waschen und mit dem Zitronensaft zum Avocadofruchtfleisch geben. Alles mit dem Stabmixer zu einem glatten Dip pürieren. Mit Salz und Pfeffer abschmecken. Den Dip in vier kleine Schälchen füllen.

3. Das Öl in zwei großen, beschichteten Pfannen erhitzen. Die tiefgekühlten Fischstäbchen vorsichtig in die Pfannen legen. Die Fischstäbchen etwa 5 bis 8 Minuten bei mittlerer Hitze braten, dabei mit einem Pfannenwender mehrmals umdrehen, damit sie von allen Seiten schön braun werden.

4. Die Zitronen waschen, trocken reiben und quer halbieren. Jeweils eine halbe Zitrone in die Mitte von großen Tellern setzen und die Fischstäbchen wie Sonnenstrahlen rundherum legen. Den Dip in Schälchen dazu stellen. Den Zitronensaft nach dem Servieren über die Fischstäbchen auspressen und die Fischstäbchen mit dem Dip genießen.

Henriettas Salatschüssel

Für 4 Portionen:

½ Bund Schnittlauch
4 EL Olivenöl
4 EL Balsamico bianco (italienischer weißer Balsamessig)
1 TL mittelscharfer Senf
¼ TL Zucker
1 kleiner Salat (z. B. Novita, Eichblattsalat oder Kopfsalat)
1 Salatgurke
2 Möhren
8 Cocktailtomaten
8 Radieschen
200 g Schafskäse

Außerdem:
Sonnenblumenkerne zum Bestreuen

Zubereitungszeit:
ca. 30 Minuten

1. Den Schnittlauch waschen, etwas trocken schütteln und auf einem Schneidebrett in Röllchen schneiden.

2. Das Öl, den Essig, den Senf und den Zucker in eine große Schüssel geben und zu einer Salatsauce verrühren. Den Schnittlauch dazugeben und untermischen.

3. Vom Salat den Strunk wegschneiden. Die äußeren Blätter entfernen, denn die schmecken nicht besonders. Den Salat in einzelne Blätter teilen, waschen und abtropfen lassen.

4. Die Salatgurke waschen, die Enden abschneiden. Die Gurke schälen und auf einem rutschfesten Brett in Scheiben schneiden. Von den Möhren die Enden abschneiden. Die Möhren mit einem Sparschäler schälen und dann in Scheiben oder Stifte schneiden. Die Tomaten waschen und halbieren. Die Radieschen waschen, das Grün und die Fäden wegschneiden. Die Radieschen in Scheiben schneiden. Den Schafskäse abtropfen lassen und in Würfel schneiden.

5. Die Salatblätter in kleine, mundgerechte Stücke zupfen und mit Gurke, Möhren, Tomaten, Radieschen und Schafskäse zur Salatsauce in die Schüssel geben. Alles gut vermischen, auf Teller verteilen und mit Sonnenblumenkernen bestreuen. Dazu schmeckt Baguette sehr lecker.

Im Sommer kommen bei mir noch ein paar Gänseblümchen über den Salat. Wenn ihr welche im Garten habt und wisst, dass die Wiese nicht gedüngt und gespritzt wird, könnt ihr Gänseblümchen ohne Bedenken essen.

Statt Ketchup macht Frau Rettich oft auch schnelle, raffinierte Dips. Dann verrührt sie Apfelmus mit etwas Zimt, Salz und Chilipulver. Oder püriert Mangofruchtfleisch mit etwas Currypulver und Salz. Probier das doch mal!

Henrys Schlemmerschnitzel

Schnitzel mit Pommes à la Frau Rettich ist das Lieblingsgericht von Leanders Freund Henry. Frau Rettich ist die Haushälterin in Henrys reicher Familie. Sie ist zwar furchtbar pingelig, kocht aber einfach himmlisch.

Für 4 Personen:

4 dünne Putenschnitzel
Salz, Pfeffer aus der Mühle
2 Eier
Mehl
Semmelbrösel
400 g Tiefkühlpommes
4 EL Butterschmalz
Zitronenviertel

Zubereitungszeit:
ca. 25 Minuten

1. Die Schnitzel waschen und mit Küchenpapier trocken tupfen. Von beiden Seiten salzen und pfeffern.

2. Die Eier in einem tiefen Teller verquirlen. Einen großen Teller dünn mit Mehl bestreuen, einen weiteren Teller fingerdick mit Semmelbröseln bestreuen.

3. Jedes Schnitzel erst von beiden Seiten im Mehl wenden, es soll nur dünn mit Mehl überzogen sein. Dann von beiden Seiten im Ei wenden. Zuletzt von beiden Seiten in den Semmelbröseln wenden, dabei die Panade festdrücken.

4. Die Pommes auf einem mit Backpapier ausgelegten Backblech nach Packungsanleitung im Backofen zubereiten.

5. Das Butterschmalz in zwei großen, beschichteten Pfannen erhitzen. Das Fett hat die richtige Temperatur, wenn an einem Holzstäbchen, das man hineinsteckt, kleine Blasen hochsteigen. Die Pfannen kurz von der Herdplatte nehmen und die Schnitzel vorsichtig hineinlegen.

6. Die Pfanne wieder auf die Platte stellen, die Temperatur auf mittlere Stufe drehen. Die Schnitzel von jeder Seite etwa 4 bis 5 Minuten goldbraun braten. Etwas Saft aus den Zitronenvierteln darüberträufeln und mit Pommes servieren.

Gefüllte Tacoschalen

Für 4 Portionen:

½ Bund Koriandergrün oder Petersilie
3 EL Ketchup
2 EL mexikanische Salsa
Salz, Pfeffer aus der Mühle
1 Dose Mais (285 g Abtropfgewicht)
2 Tomaten
1 orange Paprikaschote
3 Frühlingszwiebeln
12 Taco Shells (1 Packung, 135 g)
200 g saure Sahne

Außerdem:
grob geraspelter Käse (z. B. Emmentaler oder Gouda) zum Bestreuen

Zubereitungszeit:
ca. 25 Minuten

1. Die Kräuter waschen, etwas trocken schütteln und auf einem Schneidebrett klein schneiden.

2. In einer Schüssel den Ketchup mit der Salsa verrühren. Hast Du keine Salsa zu Hause, nimmst du einfach mehr Ketchup. Die Kräuter unterrühren und die Sauce mit Salz und Pfeffer abschmecken.

3. Den Mais in ein Sieb schütten, mit Wasser abbrausen, kurz abtropfen lassen.

4. Die Tomaten waschen, trocken reiben und auf dem Schneidebrett erst in Scheiben, dann in Würfel schneiden. Die Stielansätze dabei wegschneiden. Die Paprika und die Frühlingszwiebeln waschen. Die Paprika halbieren und den Stielansatz und die dicken Rippen mit den Kernen wegschneiden. Die Paprika erst in Streifen, dann in Würfel schneiden. Von den Frühlingszwiebeln die weißen Wurzelfäden und welkes Grün abschneiden. Den Rest in feine Ringe schneiden.

5. Den Mais, die Tomaten, die Paprikawürfel und die Frühlingszwiebeln in die Schüssel zur Sauce geben und alles vermischen.

6. In die Tacoschalen zuerst jeweils einen Klecks saure Sahne geben und dann die Gemüsemischung einfüllen. Zuletzt etwas Käse darüberstreuen. Die Knusperschalen in die Hand nehmen und reinbeißen.

Taco Shells, das sind knusprige Schalen aus Maismehl. Du magst sie lieber mit warmer Füllung? Dann brate 200 g Hackfleisch in 1 EL Öl so lange an, bis es braun und krümelig ist. Gib die Sauce und die geschnipselten Zutaten aus dem Rezept dazu und lasse alles 10 Minuten köcheln.

Erhitze das
Wasser für die Nudeln mit
dem Wasserkocher, das geht viel
schneller als im Kochtopf und spart
Energie. Das heiße Wasser dann aber
langsam und vorsichtig in den Topf
gießen, damit es nicht spritzt!

Farfalle mit Minitomaten

Für 4 Portionen:

350 g Farfalle
Salz
400 g Cocktailtomaten
1 Handvoll Basilikumblätter
2 EL Olivenöl
Pfeffer aus der Mühle

Außerdem:
frisch geriebener Parmesan zum Bestreuen

Zubereitungszeit:
ca. 25 Minuten

1. Wasser in einem großen Topf erhitzen. Dabei nur so viel Wasser einfüllen, dass ein breiter Rand frei bleibt, damit später nichts überkochen kann. Sobald das Wasser sprudelnd kocht, die Temperatur etwa auf die Hälfte herunterdrehen und 2 TL Salz zugeben. Die Nudeln vorsichtig ins Wasser gleiten lassen und bei mittlerer Hitze so lange kochen, wie es auf der Packung steht. Ab und zu umrühren und aufpassen, dass das Wasser nicht mehr sprudelt.

2. Inzwischen die Tomaten waschen, trocken tupfen und auf einem Schneidebrett halbieren. Die Basilikumblätter waschen, trocken tupfen und in Streifen schneiden.

3. Etwa 5 Minuten bevor die Nudeln gar sind, das Öl in einer großen Pfanne erhitzen. Nicht zu heiß, sonst spritzt es! Die Tomaten dazugeben und kurz heiß werden lassen. Mit Salz und Pfeffer würzen. Das Basilikum darüberstreuen.

4. Die Nudeln vorsichtig in ein Sieb schütten. Achtung: als Richtung immer vom Körper weg ins Sieb schütten! Die Nudeln kurz abtropfen lassen, dann sofort aus dem Sieb in die Pfanne geben und alles mit einem großen Löffel gut vermischen.

5. Die Nudeln auf Teller verteilen und mit frisch geriebenem Parmesan bestreuen.

Zucchini-Spaghetti

Für 4 Portionen:

350 g Spaghetti
Salz
½ Bund Schnittlauch
2 Zucchini
2 EL Olivenöl
Pfeffer aus der Mühle

Außerdem:
frisch geriebener Parmesan zum Bestreuen

Zubereitungszeit:
ca. 30 Minuten

1. Wasser in einem großen Topf erhitzen. Dabei nur so viel Wasser einfüllen, dass ein breiter Rand frei bleibt, damit später nichts überkochen kann. Sobald das Wasser sprudelnd kocht, die Temperatur etwa auf die Hälfte herunterdrehen und 2 TL Salz dazugeben. Die Spaghetti ins Wasser geben und vorsichtig umrühren, bis sie weich und ganz mit Wasser bedeckt sind. Die Nudeln bei mittlerer Hitze so lange kochen, wie es auf der Packung steht. Ab und zu umrühren und aufpassen, dass das Wasser nicht mehr sprudelt.

2. Inzwischen den Schnittlauch mit Wasser abbrausen, etwas trocken tupfen und auf einem Schneidebrett in Röllchen schneiden. Die Zucchini waschen, die Enden abschneiden und die Zucchini auf einem Gemüsehobel in dünne Stifte raspeln.

3. In einer beschichteten Pfanne 1 EL Öl erhitzen, die Zucchini dazugeben und etwa 5 Minuten dünsten. Eine halbe Schöpfkelle vom Nudelwasser dazugießen. Die Zucchini mit Salz und Pfeffer abschmecken und die Schnittlauchröllchen unterheben.

4. Die Nudeln vorsichtig in ein Sieb schütten. Achtung: als Richtung immer vom Körper weg ins Sieb schütten! Die Nudeln kurz abtropfen lassen, dann sofort aus dem Sieb in die Pfanne geben, 1 EL Olivenöl dazugießen und alles mit zwei großen Löffeln gut vermischen.

5. Die Spaghetti auf Teller verteilen und mit frisch geriebenem Parmesan bestreuen.

Stelle den Gemüsehobel immer auf eine rutschfeste Unterlage und pass auf deine Finger auf, wenn du Gemüse raspelst. Wenn die Zucchini zu klein wird, dann schneide das letzte Stück lieber mit dem Messer in Streifen oder futtere es einfach auf.

Couscoussalat

Für 6 Portionen:

250 g Couscous
½ l Instantbrühe
4 Tomaten
1 Salatgurke
3 Frühlingszwiebeln
½ Bund glatte Petersilie
1 Handvoll Pfefferminzblätter
5 EL Olivenöl
6 EL Zitronensaft
Salz, Pfeffer aus der Mühle

Zubereitungszeit:
ca. 30 Minuten + 30 Minuten zum Durchziehen

1. Den Couscous in eine Schüssel geben. ½ l Wasser heiß werden lassen und mit dem Gemüsebrühenpulver verrühren. Die Gemüsebrühe heiß über den Couscous gießen. Zugedeckt etwa 5 Minuten ziehen lassen.

2. Inzwischen die Tomaten waschen, mit Küchenpapier trocken tupfen. Die Tomaten auf ein Schneidebrett legen und in Scheiben schneiden, dabei die Stielansätze wegschneiden. Dann das Fruchtfleisch fein würfeln. Von der Gurke die Enden abschneiden, dann die Gurke schälen und ebenfalls erst in Scheiben, dann in feine Würfel schneiden. Von den Frühlingszwiebeln das untere Ende mit den weißen Wurzelfäden und die oberen weichen, dunkelgrünen Teile abschneiden. Die Frühlingszwiebeln waschen und in feine Ringe schneiden. Die Kräuter waschen, trocken schütteln und fein hacken.

3. Das Öl und den Zitronensaft gleichmäßig über den Couscous gießen. Die Tomaten, Gurken, Frühlingszwiebeln und Kräuter dazugeben und alles gründlich vermischen. Mit Salz und Pfeffer abschmecken und mindestens 30 Minuten durchziehen lassen.

Couscous, die kleinen, speziell behandelten Grießkügelchen, sind in Nordafrika ein Grundnahrungsmittel. Praktisch ist, dass man Couscous nicht lange kochen muss. Er schmeckt wie hier kalt als Salat, du kannst ihn aber auch mit gekochtem Gemüse zubereiten und warm genießen.

Den Salat kannst du auch schon am Vortag zubereiten und im Kühlschrank aufbewahren.

Pfannkuchen zu backen ist ganz einfach. Nur für das Umdrehen brauchst du etwas Schwung, damit sich der Pfannkuchen dabei nicht zusammenrollt. Lass dir anfangs dabei helfen. Die Röllchen schmecken übrigens auch kalt lecker. Reste kannst du also auch am nächsten Tag zur Pause mitnehmen.

Gute-Laune-Röllchen

Für 4 Portionen:

150 g Mehl
3 Eier
400 ml Milch
Salz
¼ Paprikaschote
½ Bund Rucola
200 g Frischkäse
Pfeffer aus der Mühle

Außerdem:
Öl oder Butterschmalz zum Ausbacken

Zubereitungszeit:
ca. 35 Minuten

1. Das Mehl mit den Eiern, der Milch und etwas Salz in eine Schüssel geben. Mit dem Schneebesen zu einem glatten Pfannkuchenteig verrühren.

2. Die Paprika waschen und halbieren, den Stielansatz und die dicken Rippen mit den Kernen wegschneiden. Die Paprika in ganz feine Würfelchen schneiden. Den Rucola abbrausen und trocken schütteln. Die Hälfte der Blätter ganz lassen, den Rest fein hacken. Den Frischkäse in einer kleinen Schüssel mit den Paprikawürfelchen und dem gehackten Rucola verrühren. Mit Salz und Pfeffer würzen.

3. Das Öl oder Butterschmalz in einer beschichteten Pfanne erhitzen und aus dem Teig nacheinander 4 dünne Pfannkuchen ausbacken. Dafür jeweils 1 Schöpfkelle Teig vorsichtig in die Pfanne füllen. Dann die Pfanne ganz leicht zu allen Seiten etwas schwenken, damit sich der Teig gut verteilt. Die Kochplatte auf mittlere Hitze stellen und warten, bis der äußere Rand des Pfannkuchens fest wird. Jetzt kannst du den Pfannkuchen mit einem Pfannenwender vorsichtig umdrehen und noch mal etwa 2 bis 3 Minuten backen. Die fertigen Pfannkuchen kannst du in einer zweiten Pfanne auf ganz kleiner Hitze warm halten.

4. Die Frischkäsemasse auf die Pfannkuchen streichen. Den restlichen Rucola darauf verteilen und jeden Pfannkuchen aufrollen. Die Rollen in kleine Stücke schneiden und, wenn du magst, auf Spieße stecken.

Yanniks Spezialpizza

Für 4 Portionen:

1 Packung frischer Pizzateig (aus dem Kühlregal)
1 Handvoll Basilikumblätter
150 g Gouda am Stück
1 Dose Ananasscheiben (260 g Abtropfgewicht)
200 g passierte Tomaten (Fertigprodukt)
Salz, Pfeffer aus der Mühle
150 g gekochter Schinken, in Scheiben

Zubereitungszeit:
ca. 20 Minuten +
15–20 Minuten Backzeit

1. Den Backofen auf 220 °C vorheizen. Den Pizzateig ausrollen und auf Backpapier auf ein Backblech legen.

2. Die Basilikumblätter waschen und trocken tupfen. Je nach Größe klein schneiden oder ganz lassen. Den Gouda auf einer Reibe grob raspeln. Die Ananasscheiben in einem Sieb abtropfen lassen.

3. Die Tomaten mit Salz und Pfeffer würzen und den Pizzateig damit gleichmäßig bestreichen. Den Teig mit dem Gouda bestreuen, dann mit Ananas und Schinken belegen.

4. Die Pizza vorsichtig auf die mittlere Schiene in den Ofen schieben. Etwa 15 bis 20 Minuten knusprig backen.

5. Das Backblech mit Topfhandschuhen oder großen Topflappen vorsichtig aus dem Ofen holen. Die Pizza mit Basilikumblättchen bestreuen und in Stücke schneiden.

Wenn er Zeit hat,
macht Yannik den Pizzateig selber:
300 g Mehl, 1 Päckchen Trockenhefe, 150 ml
lauwarmes Wasser, 3 EL Öl und 1 TL Salz in
einer Rührschüssel mit den Knethaken des
Mixers verkneten. Teig 2 Stunden zugedeckt
ruhen lassen. Dann noch mal durchkneten,
ausrollen, belegen und etwa 15 Minuten
bei 220 °C backen.
14

Der Name Flammkuchen kommt aus der Zeit, als Brote noch im Holzofen gebacken wurden. Weil man damals noch kein Thermometer hatte, rollte man den Brotteig zum Test dünn aus und schob ihn in den Ofen. Wurde er in wenigen Minuten in den Flammen braun, hatte der Ofen die richtige Hitze.

Flammkuchen mit Ziegenkäse

Für 4 Portionen:

1 Packung frischer Flammkuchenteig (aus dem Kühlregal, 250 g)
300 g vorgegarte Rote Bete (aus der Packung, vakuumiert)
200 g Ziegenweichkäserolle
200 g saure Sahne
Salz, Pfeffer aus der Mühle
Honig zum Beträufeln
50 g Walnusskerne
Thymianblättchen zum Bestreuen (nach Belieben)

Zubereitungszeit:
ca. 25 Minuten +
ca. 15–20 Minuten Backzeit

1. Den Backofen auf 200 °C vorheizen. Ein Backblech mit Backpapier belegen. Den Flammkuchenteig auseinanderrollen und auf das Blech legen.

2. Die Rote Bete abtropfen lassen und auf einem Schneidebrett in Scheiben schneiden. Denk dabei an den Krallengriff (Seite 17)! Den Ziegenkäse ebenfalls in Scheiben schneiden.

3. Die saure Sahne mit Salz und Pfeffer würzen und den Teig damit bestreichen. Dann die Rote Bete und die Ziegenkäsescheiben darauf verteilen. Mit einem kleinen Löffel etwas Honig über den Ziegenkäse träufeln. Die Walnusskerne in etwas kleinere Stücke brechen und über den Teig streuen.

4. Den Flammkuchen vorsichtig auf die mittlere Schiene in den Ofen schieben. Etwa 15 bis 20 Minuten goldgelb backen.

5. Das Blech mit Topfhandschuhen oder großen Topflappen vorsichtig aus dem Ofen holen. Den Flammkuchen nach Belieben noch mit abgezupften Thymianblättchen bestreuen und in Stücke schneiden.

Milchreis mit Früchten

Für 4 Portionen:

250 g Milchreis
1 l Milch
450 g Sauerkirschen
(aus der Tiefkühltruhe)
1 EL Zucker
1 Päckchen Vanillezucker
1½ EL Speisestärke

Zubereitungszeit:
ca. 25 Minuten +
ca. 30 Minuten Kochzeit

1. Den Milchreis mit der Milch in einen hohen Topf geben. Die Milch zum Kochen bringen, dabei immer wieder umrühren, damit der Reis nicht am Topfboden kleben bleibt. Sobald die Milch leicht zu brodeln anfängt, die Hitze sofort ganz klein stellen, sonst kocht die Milch über. Den Reis zugedeckt etwa 30 Minuten gar ziehen lassen, dabei zwischendurch immer wieder umrühren.

2. Die Sauerkirschen mit dem Zucker, dem Vanillezucker und 50 ml Wasser in einem Topf erhitzen und dabei auftauen.

3. Die Speisestärke mit etwas Wasser glatt rühren. Die Kirschen einmal zum Kochen bringen, also so heiß werden lassen, dass die Flüssigkeit zu sprudeln beginnt. Vorsichtig die Speisestärke unterrühren und kurz andicken lassen. Den Topf vom Herd nehmen.

4. Den Milchreis auf Teller oder Schälchen verteilen und mit dem Kirschkompott servieren.

Schon
mal Milchreis
selbst gekocht?
Ist kinderleicht und
viel leckerer als
gekaufter!

Ab und zu braucht man einfach was Süßes …
Manchmal macht Ida Erdbeereis selber. Dafür püriert sie 250 g Erdbeeren mit 150 g Naturjoghurt, 100 g Mascarpone, 3 EL Zucker und 1 EL Zitronensaft. Die Masse friert sie in Förmchen oder Espressotassen etwa 3 Stunden ein. Sehr lecker!!

Idas Quarkküchlein

Für 4 Portionen:

300 g Erdbeeren
1 Päckchen Vanillezucker
500 g Magerquark
4 Eier
5 EL Zucker
120 g Mehl
4 Kugeln Erdbeereis

Außerdem:
Butterschmalz zum Ausbacken
Puderzucker zum Bestäuben

Zubereitungszeit:
etwa 35 Minuten

1. Die Erdbeeren waschen, die Blätter vorsichtig mit einem kleinen, spitzen Messer kreisförmig herausschneiden. Die Erdbeeren auf einem Schneidebrett in Scheiben schneiden, in eine Schüssel geben und mit dem Vanillezucker bestreuen.

2. Den Quark mit den Eiern, dem Zucker und dem Mehl mit den Rührquirlen des Handmixers zu einem glatten Teig verquirlen.

3. Das Butterschmalz in zwei großen beschichteten Pfannen zerlassen und heiß werden lassen, das Fett soll aber nicht spritzen. Das Fett hat die richtige Temperatur, wenn an einem Holzstäbchen, das man hineinsteckt, kleine Blasen hochsteigen. Mit einem großen Esslöffel kleine Häufchen vom Teig in die Pfanne geben. Bei mittlerer Hitze von jeder Seite etwa 5 Minuten goldbraun ausbacken.

4. Die Quarkküchlein auf Tellern mit den Erdbeeren und dem Erdbeereis anrichten. Vor dem Servieren mit Puderzucker bestäuben.

Kulinarisches aus den Heimatländern der magischen Tiere

ERDKUNDE ZUM GENIEßEN

Kulinarische Weltreise durch die Länder der magischen Tiere

Mr. Morrison hat seine magischen Tiere in der ganzen weiten Welt eingesammelt. Und genauso einzigartig wie die Tiere sind auch die Küchen der Länder, aus denen sie kommen. Erfahre mehr über Essgewohnheiten und typische Gerichte der Heimat der Tiere.

KARIBIK – Henrietta

Die Karibik besteht aus vielen verschiedenen Inseln und jede Insel hat ihre eigenen Spezialitäten. Süßkartoffeln und Kokosnuss spielen immer eine Rolle. Mit Kokosmilch wird viel gekocht und „Pipa“, Kokoswasser, trinkt man direkt aus der Kokosnuss. Exotische Früchte wachsen in der Karibik in Hülle und Fülle: zum Beispiel Papayas, Mangos und Bananen. Deshalb gibt es auch jede Menge herzhafte Gerichte mit Früchten. Viele Gewürze sind hier zu Hause, zum Beispiel Chilischoten. Selbst die Kinder mögen es schon scharf. Nicht nur das Angebot an Obst und Gemüse, auch an Fisch und Meeresfrüchten ist riesig. Obwohl viele Familien in der Karibik sehr arm sind, sind die Menschen dort bekannt für ihre gute Laune und Lebensfreude.

NORWEGEN – Rabbat

Weil das Frühstück in Norwegen sehr reichhaltig ist – sogar Fisch und Fleisch sind dabei – gibt es mittags oft nur ein Brot oder eine andere Kleinigkeit. Eine Spezialität ist flaches Fladenbrot. Entweder in getrockneter Form als „Flatbrød“ oder als „Lefse“, ein weiches Brot aus Kartoffeln, Roggen- und Weizenmehl. Die Hauptmahlzeit gibt es in Norwegen abends, meist zwischen 17 und 18 Uhr. Sie heißt „Middag“, weil sie früher mal mittags gegessen wurde. Norwegen hat eine lange Küste, viele Flüsse und Seen. Deshalb gibt es oft Fisch: Lachs, Hering, Kabeljau, Dorsch und Makrele. Doch auch Fleisch steht auf dem Speiseplan, sogar vom Elch oder Rentier. Als Beilage sind Kartoffeln beliebt. Manchmal gibt es am Abend noch einen Imbiss. Oft mit süßem Backwerk. Besonders gerne nascht man „Boller“, runde Hefeteilchen, die es in vielen Varianten gibt.

DÄNEMARK – Mette-Maja

Das Frühstück heißt auf Dänisch „Morgenmad“. Es besteht meistens aus Brot mit Käse oder Marmelade. Kinder lieben „Pålægschokolade“ auf Brot, Schokoladenscheiben. Mittags gibt es oft „Smørrebrød“, das sind Butterbrote, „Smør“ ist nämlich die Butter auf Dänisch und „brød“ bedeutet Brot. Das Besondere am „Smørrebrød“: Das Brot ist ganz dünn und der Belag umso üppiger. Und darauf ist nicht nur Butter, sondern Fisch oder Braten, Zwiebeln, Kräuter, Radieschen, Eier und vieles mehr. Abends wird warm gekocht, Fisch und Fleisch sind beliebt. Als Beilage gibt es oft Kartoffeln, gerne als Kartoffelbrei. Schweinebraten mit Kartoffeln und brauner Sauce ist das Nationalgericht und das typische Essen an Heiligabend. Neben Käse ist Dänemark bekannt für sein Gebäck, etwa für Honigkuchen, süße Brötchen, Plunderteig und Zimtschnecken.

DEUTSCHLAND – Eugenia und Toffi

Zum typischen Frühstück gehört ein warmes Getränk, dazu Brot oder Brötchen, süß oder herzhaft belegt.

Das Mittagessen ist meistens warm – Fleisch, Gemüse und Kartoffeln sind sehr beliebt. Als typisches Gericht gilt Bratwurst mit Sauerkraut. Die Amerikaner nennen Deutsche oft „Krauts“, weil sie meinen, Sauerkraut sei ihr Lieblingsgemüse. Für die Wurstspezialitäten ist Deutschland ebenso bekannt wie für seine große Auswahl an Brot. Auch wenn die warme Mahlzeit auch mal auf den Abend verschoben wird, gibt es in den meisten Familien Abendbrot: Brot mit Wurst oder Käse. Auch andere Traditionen halten sich bei vielen: Karfreitag gibt es oft Fisch, Heiligabend Würstchen und Kartoffelsalat, an den Weihnachtsfeiertagen Gans oder Karpfen. Und welches Gebäck ist in der ganzen Welt bekannt? Die Schwarzwälder Kirschtorte und der Dresdner Christstollen.

GRIECHENLAND — Muriel

Wie in vielen südlichen Ländern, spielt das Frühstück und Mittagessen in Griechenland keine große Rolle. Die Hauptmahlzeit gibt es meistens am Abend. Da sitzt die ganze Familie zusammen und es wird ausgiebig und sehr lange gegessen und ganz viel geredet. Die Kinder dürfen zwischendrin ruhig aufstehen und spielen. Berühmt ist „Gyros“, Schweinefleisch, das auf einem Spieß gegrillt und stückchenweise runtergeschnitten wird. Dazu gibt es oft „Tsatsiki“, ein Dip aus Joghurt, Gurke und Knoblauch. In der griechischen Küche kommt viel Gemüse und Salat auf den Tisch und es gibt köstliche Vorspeisen. Viele warme und kalte Gerichte werden mit Feta, frischem Schafskäse, zubereitet. Der schmeckt auch gut auf „Pita“, dem griechischen Fladenbrot.

FRANKREICH — Karajan

In Frankreich legt man Wert auf gemeinsame Mahlzeiten mit der ganzen Familie. Und weil es oft ein „Menu“ gibt – ein Essen mit mehreren Gängen – kann es ganz schön lange dauern. Am Meer gibt es viel Fisch. Austern, große Muscheln gelten hier als Delikatesse. Die Franzosen lieben „Crêpes“. Die hauchdünnen Pfannkuchen kann man oft auch am Straßenrand kaufen. „Quiche“, Gemüsekuchen, ist ebenfalls beliebt. Mehrere hundert Sorten Käse soll es in Frankreich geben und die isst man gerne mit „Baguette“, den typischen Weißbrotstangen. Und „Croissants“, die knusprigen Hörnchen, mögen besonders die Kinder gerne zum Frühstück.

ENGLAND — Cooper

England ist ein Teil von Großbritannien. Zum „Breakfast“, dem Frühstück, gehören Rühreier, Speck, Würstchen und „Baked Beans“, Bohnen in Tomatensauce. Manchmal gibt es auch Cornflakes und Toast mit Marmelade. Der „Lunch“, das Mittagessen, besteht oft nur aus einer Suppe, einem Sandwich oder einem Stück „Pie“, Pastete. Typisch britisch ist der Tee am Nachmittag, der „Afternoon Tea“. Er wird mit Milch und Zucker getrunken, dazu werden oft Sandwiches oder „Scones“, süße

Brötchen, gereicht. Abends gibt es das warme „Dinner". Engländer essen gerne herzhaft gefüllte „Pies", Pasteten. Und „Fish & Chips": Fisch, nicht etwa mit Kartoffelchips, sondern mit Pommes. Zum Nachtisch gibt es Schokoladen- oder Käsekuchen, oft auch „Crumble", mit Streuseln überbackene Früchte.

AMERIKA — Rick

Bei amerikanischer Küche denkt man gleich an Fast Food, an Hamburger und Hotdogs. Ein deutscher Einwanderer erfand übrigens den Hotdog – eine Grillwurst in einem Brötchen – und verkaufte ihn in Amerika auf der Straße. Lange hielt sich das Gerücht, es sei auch Hundefleisch in der Wurst. Deshalb wurde das Brötchen „Hot Dog", heißer Hund, genannt. Typisch amerikanisch sind außerdem „Spareribs", Schweinerippchen, und „Chicken Wings", Hähnchenflügel. Kinder lieben „Mac'n'Cheese" – mit Käse überbackene Makkaroni. An „Thanksgiving", dem Erntedankfest, kommt im ganzen Land Truthahnbraten auf den Tisch. Und auch süßes Gebäck wie „Muffins", „Cupcakes", „Cookies", „Cheesecake" und „Brownies" liebt man überall in Amerika.

AFRIKA — Tingo, Leander, Caspar und Peperoni

Der afrikanische Kontinent besteht aus 55 Staaten und hat somit sehr unterschiedliche Landesküchen. Geprägt sind die meisten davon, dass die Bevölkerung sehr arm ist und sich oft mit einfachem Essen zufriedengeben muss. Fleisch kann sich kaum jemand leisten. Wenn überhaupt, gibt es Huhn und dann meist nur zu Feiertagen. Den Speiseplan prägen Getreide wie Reis oder Hirse, Wurzeln und Knollen wie Yams, Maniok und Süßkartoffeln. Kochbananen, Tomaten und Zwiebeln sind in vielen Gerichten. Als typische Gemüsesorten zählen die Blätter des Affenbrotbaums oder Juteblätter. Gewürzt wird gerne mit Chili und Kurkuma, viel gekocht mit Erdnüssen und Erdnussbutter. Daraus entstehen sämige Saucen und Eintöpfe, zu denen Brei oder Reis gereicht wird.

AUSTRALIEN — Sydney

Weil viele Engländer nach Australien auswanderten, findet man vieles aus der englischen Küche, wie „Meat Pie", Fleischpastete, Bratwurst und viele Kürbisgerichte. Zum Frühstück gehört oft Toast mit „Vegemite", einem Hefeaufstrich. Oder gebratener Speck mit Tomate und Rührei. Mittags gibt es gern Burger oder Sandwiches. Zum „Dinner" am Abend essen die meisten Familien warm. Die Australier grillen sehr oft, zum „Barbecue" gibt es Rindersteak, Känguru-, Straußen- oder Krokodilfleisch. Einheimisches Fleisch und heimische Pflanzen gehören zum Bush Food. Das ist die Küche der Aborigines, der Ureinwohner. Gekocht wird mit australischen Buschbananen, Buschbohnen sowie mit Buschpflaumen. Die haben 50-mal mehr Vitamin C als eine Orange und sind damit Vitaminweltmeister.

Überreife Bananen im Obstkorb? Für diese Suppe kannst du sie noch verwenden!
Bananensuppe aus meiner Heimat! Ich liebe sie! Unbedingt probieren! Und wenn du wissen willst, was sonst noch typisch karibisch ist, schau auf Seite 101.

Bananensuppe

Bananen wachsen in der Karibik in Hülle und Fülle und deshalb wird auch viel damit gekocht. Wer dabei nur an Nachtisch denkt, liegt falsch. In der Karibik gibt es jede Menge herzhafte Gerichte mit der leckeren Frucht. Und die schmecken richtig spannend, so wie diese Suppe.

Für 4 Portionen:

1 weiße Zwiebel
3 Bananen
1 EL Öl
½ l Gemüsebrühe (instant)
1 Dose Kokosmilch (400 ml)
Currypulver
Chilipulver
2 EL Sojasauce
2 EL Zitronensaft

Außerdem:
Joghurt
Erdnüsse
gehacktes Koriandergrün

Zubereitungszeit:
ca. 30 Minuten

1. Die Zwiebel schälen und auf einem rutschfesten Schneidebrett erst in Scheiben, dann in grobe Würfel schneiden. Achte dabei auf den Krallengriff (Seite 17)! Die Bananen schälen und in Scheiben schneiden.

2. Das Öl in einem Topf erhitzen. Zwiebeln und Bananen dazugeben und etwa 5 Minuten bei mittlerer Hitze dünsten.

3. Die Gemüsebrühe nach Packungsanleitung mit heißem Wasser zubereiten. Die Brühe und die Kokosmilch zu den Bananen gießen, einmal aufkochen und dann bei schwacher Hitze 5 Minuten köcheln lassen.

4. Den Topf vom Herd nehmen, auf ein feuchtes Spültuch stellen und die Suppe vorsichtig mit dem Stabmixer pürieren. Dabei den Pürierstab immer schön unten am Topfboden lassen, sonst spritzt die heiße Suppe raus.

5. Den Topf wieder auf den Herd stellen. Currypulver (es darf ruhig 1 TL voll sein), 1 Messerspitze Chilipulver (Vorsicht, scharf!), Sojasauce und Zitronensaft unter die Suppe rühren. Noch mal abschmecken und, wenn nötig, noch nachwürzen.

6. Die Suppe auf Schälchen verteilen. Einen Löffel Joghurt daraufklecksen. Mit Erdnüssen und Koriandergrün bestreuen.

Lachs mit Butterkartoffeln

Für 4 Portionen:

1 Bund Dill
700 g kleine, festkochende Kartoffeln
Salz
4 Stücke Lachsfilet ohne Haut (à ca. 100–150 g)
Pfeffer aus der Mühle
3 EL Öl
1 EL Zitronensaft
80 g Butter

Zubereitungszeit:
ca. 45 Minuten

1. Den Dill mit Wasser abbrausen, etwas trocken schütteln und auf einem rutschfesten Küchenbrett fein hacken.

2. Die Kartoffeln mit einem Sparschäler schälen, dann waschen. In einem Topf mit Wasser bedecken. 1 TL Salz dazugeben und das Wasser zum Kochen bringen. Die Temperatur zurückschalten und die Kartoffeln bei mittlerer Hitze etwa 20 Minuten köcheln lassen.

3. Inzwischen den Lachs unter kaltem Wasser abbrausen, mit Küchenpapier trocken tupfen. Auf einem Brett von beiden Seiten mit Salz und Pfeffer würzen.

4. In einem kleinen Schälchen 2 EL Öl und 1 EL Zitronensaft mit 2 EL gehacktem Dill, etwas Salz und Pfeffer verrühren.

5. In einer beschichteten Pfanne 1 EL Öl erhitzen und die Lachsstücke darin von jeder Seite etwa 3 bis 4 Minuten braten – je nachdem wie dick die Stücke sind. Der Fisch soll innen nicht mehr glibberig sein.

6. Inzwischen die Butter in einem kleinen Topf flüssig werden lassen. Etwa 2 bis 3 EL gehackten Dill unterrühren.

7. Die Kartoffeln sind gar, wenn du eine Messerspitze in die Kartoffel stichst und das ganz leicht geht. Die Kartoffeln in ein Sieb abgießen.

8. Kartoffeln und Lachs auf Tellern anrichten. Dillbutter über die Kartoffeln, Zitronenöl über den Lachs geben.

In Norwegen ist Lachs etwas Alltägliches. Deshalb kommt er dort sehr häufig auf den Tisch.
Lachs ist schon was Feines. Zu Hause in Norwegen habe ich sogar schon mal Lachse gefangen. Was in Norwegen außer Fisch noch gerne gegessen wird, liest du auf Seite 101.

Tingo kommt aus Tansania, Leander aus Kenia, Peperoni aus Senegal und ich komme aus Madagaskar. Jeder von uns mag aber gerne Reis mit Hähnchen, so wie dieses Rezept. Was sonst noch typisch afrikanisch ist, steht auf Seite 103.

Kokoshähnchen mit Reis

55 Länder gehören zum afrikanischen Kontinent. So verschieden die einzelnen Regionen auch kochen: Gerichte mit Reis, dem Grundnahrungsmittel der afrikanischen Küche, und mit Kokos findet man überall.

Für 4 Portionen:

1 große weiße Zwiebel
1 Knoblauchzehe
1 Stück Ingwerwurzel (etwa 2 cm)
5 Tomaten
250 g Hähnchenbrustfilet
Salz, Pfeffer aus der Mühle
250 g Reis
2 EL Öl
Kurkumapulver (ersatzweise Currypulver)
Chilipulver
1 Dose Kokosmilch (400 ml)

Zubereitungszeit:
ca. 40 Minuten

1. Zwiebel, Knoblauch und Ingwer schälen und alles auf einem rutschfesten Schneidebrett erst in Scheiben, dann in kleine Würfel schneiden. Denk beim Schneiden immer an den Krallengriff (Seite 17)! Tomaten waschen, trocken reiben und in Würfel schneiden, dabei die Stielansätze wegschneiden.

2. Hähnchen unter kaltem Wasser waschen, mit Küchenpapier trocken tupfen und in etwa 1 cm kleine Würfel schneiden. Mit Salz und Pfeffer würzen.

3. Reis mit ½ l Wasser und 1 TL Salz in einem Topf zum Kochen bringen. Auf kleinster Stufe nach Packungsanleitung köcheln lassen.

4. Öl in einer beschichteten Pfanne erhitzen. Das Hähnchenfleisch darin bei mittlerer Hitze rundherum etwa 7 bis 8 Minuten braten. Das Fleisch in eine Schüssel geben. In der Pfanne Zwiebeln, Knoblauch und Ingwer etwa 3 Minuten bei mittlerer Hitze andünsten. ½ TL Kurkuma, ½ TL Salz, 1 Prise Chili und die Tomaten zugeben. Die Kokosmilch unterrühren und das Ganze etwa 10 Minuten köcheln lassen.

5. Das Fleisch untermischen und die Sauce mit Salz und den anderen Gewürzen abschmecken. Mit dem Reis servieren.

Würstchen mit Kartoffelstampf

Deutschland ist bekannt für seine Wurstspezialitäten und für seine Liebe zu Kartoffeln. Passt ja auch gut zusammen. Besonders lecker zu Würstchen – und gar nicht schwer zuzubereiten – sind selbst gemachte Stampfkartoffeln.

Für 4 Portionen:

4 Paar Bratwürste
700 g Kartoffeln
Salz
100–150 ml Milch
3 EL Butter
1 EL Öl

Außerdem:
gehackte Petersilie zum Bestreuen

Zubereitungszeit:
ca. 35 Minuten

1. Die Würste unter kaltem Wasser abbrausen und mit Küchenpapier trocken tupfen.

2. Die Kartoffeln mit dem Sparschäler schälen. Dann waschen und auf einem rutschfesten Schneidebrett in große Würfel schneiden.

3. Die Kartoffeln und 1 TL Salz in einen Topf geben und mit Wasser bedecken. Bei mittlerer Hitze etwa 20 Minuten sehr weich kochen. Die Kartoffeln in ein Sieb abgießen. Mit einem Deckel abdecken und warm halten.

4. Das Öl in einer Pfanne heiß werden lassen. Die Würste hineinlegen. Vorsicht: Das heiße Fett kann spritzen. Bei mittlerer Hitze von jeder Seite etwa 5 bis 6 Minuten braun braten.

5. Inzwischen 100 ml Milch und die Butter in den Topf geben und heiß werden lassen. Die Kartoffeln dazugeben. Entweder: durch eine Kartoffelpresse zur heißen Milch drücken und verrühren. Oder: die Kartoffeln in der Milch mit einem Stampfer zu einer glatten Masse zerdrücken. Ist das Püree zu trocken, noch etwas Milch unterrühren. Wenn nötig, mit etwas Salz abschmecken. Mit Petersilie bestreuen und mit den Würsten servieren.

Ich liebe Würstchen und habe gehört, dass es in Deutschland 46 verschiedene Sorten Bratwurst gibt. Deshalb steht für mich fest: Hier ist das Paradies. Was es sonst noch Feines in Eugenias und meiner Heimat gibt? Das liest du auf Seite 101 und 102.

Ofenfrisches Baguette finde ich unwiderstehlich! In meiner Heimat Frankreich siehst du viele Leute mit einer Stange Baguette herumlaufen. Was Franzosen noch gern essen, steht auf Seite 102.

Baguette

Frankreich ohne Baguette geht gar nicht. Das knusprige Stangenweißbrot ist rund um die Uhr beliebt: Lecker belegt als Snack oder pur zu den zahlreichen Vorspeisen und Suppen, die die französische Küche zu bieten hat.

Für 2 Baguettestangen:

750 g Mehl
2 TL Salz
1½ TL Zucker
1½ Päckchen Trockenhefe
350 ml lauwarmes Wasser
4 EL Olivenöl
Mehl zum Bestäuben

Zubereitungszeit:
ca. 20 Minuten +
2½ Std. Gehzeit +
ca. 25 Minuten Backzeit

1. Das Mehl mit dem Salz, dem Zucker, der Trockenhefe, dem Wasser und dem Öl in eine Rührschüssel geben. Mit den Knethaken das Handmixers zu einem glatten Teig verarbeiten. Die Schüssel mit einem sauberen Tuch zudecken und den Teig bei Zimmertemperatur mindestens 2 Stunden gehen lassen. Das ist wichtig, damit der Teig schön locker wird.

2. Ein Backblech mit Backpapier belegen. Den Teig noch mal kräftig mit dem Handmixer durchkneten. Den Teig halbieren, rundherum leicht mit Mehl bestäuben und jede Hälfte zu einer Baguettestange formen. Die Stangen sollen eher dünn als dick sein, denn das Brot geht beim Backen noch auseinander. Die Brote auf das Backblech legen und noch mal 30 Minuten zugedeckt gehen lassen.

3. Den Ofen auf 220 °C vorheizen. Wer mag, ritzt mit einem Messer noch kleine, schräge Einkerbungen in den Teig. Dann die Baguettes vorsichtig in den Ofen schieben, auf der mittleren Schiene etwa 25 Minuten backen. Mit Topfhandschuhen oder großen Topflappen vorsichtig aus dem Ofen holen.

Schafskäseschnitten

Gefüllte Pasteten und Teigschnitten aus Blätter- oder Strudelteig gibt es überall in Griechenland fertig zu kaufen. Die meisten Geschäfte haben dafür eine Wärmetheke, denn warm oder – noch besser – frisch aus dem Ofen schmecken sie am allerfeinsten.

Für 4 Portionen:

2 Packungen frischer Blätterteig aus der Kühltheke (à 275 g)
500 g Feta (Schafskäse)
3 Eier
Pfeffer aus der Mühle

Außerdem:
1 Ei zum Bepinseln
Sesam zum Bestreuen

Zubereitungszeit:
ca. 25 Minuten +
ca. 35 Minuten Backzeit

1. Den Backofen auf 180 °C vorheizen. Beide Packungen Blätterteig auseinanderrollen. Eine Packung, also eine große Teigplatte, auf Backpapier auf ein Backblech legen.

2. Den Feta auf einem Schneidebrett in Würfel schneiden, in eine Schüssel geben, die Eier aufschlagen und dazugeben. Beides mit einer Gabel miteinander mischen und dabei den Feta fein zerdrücken. Die Masse mit Pfeffer würzen. Gleichmäßig auf die Teigplatte auf dem Backblech streichen, dabei rundherum einen daumenbreiten Rand lassen.

3. Das letzte Ei aufschlagen und auch mit einer Gabel verquirlen. Den frei gelassenen Teigrand damit bepinseln. Die zweite Teigplatte über die Fetafüllung legen. Die Ränder rundherum mit den Fingern gut festdrücken, damit die Füllung nicht auslaufen kann.

4. Die Teigoberfläche mit dem restlichen verquirlten Ei bepinseln und mit Sesam bestreuen. Vorsichtig in den Ofen schieben und auf der mittleren Schiene etwa 35 Minuten backen.

5. Die Teigplatte mit Topfhandschuhen oder großen Topflappen vorsichtig aus dem Ofen holen. Vorsichtig mit einem großen Messer in Stücke schneiden. Dazu passt gut Salat.

Ich liebe Feta, den griechischen Schafskäse. Besonders warm, wie hier im Blätterteig, weil er dann so schön cremig wird. „Tiropita" heißen diese Schnitten übrigens in Griechenland und „Kali orexi" heißt „Guten Appetit". Was es sonst noch Wissenswertes über meine Heimat gibt, liest du auf Seite 102.

Typisch für Australien sind üppig und abwechslungsreich belegte Doppeldecker.

Wenn hier Weihnachten ist, ist in Australien Sommer. Dann denke ich an alle, die daheim beim Picknick ihre Sandwiches essen. Was Australier sonst noch gerne mögen, steht auf Seite 103.

Australische Sandwiches

Für 4 Sandwiches:

2 Eier
1 Avocado
1 kleine Paprikaschote
1 Handvoll Rucola (etwa 20 Blätter)
4 EL Alfalfa- oder Rettichsprossen (nach Belieben)
50 g saure Sahne
Salz, Pfeffer aus der Mühle
8 Scheiben Sandwichtoast
8 Scheiben Hähnchenbrust (nach Belieben)
12 Scheiben Rote Bete (aus dem Glas)
4 EL Mayonnaise

Zubereitungszeit:
ca. 35 Minuten

1. Die Eier in einem Topf mit Wasser zum Kochen bringen, bei schwacher Hitze etwa 6 Minuten hart kochen. Mit kaltem Wasser abschrecken und abkühlen lassen.

2. Inzwischen die Avocado rundherum längs einschneiden. Die Avocadohälften durch Drehen voneinander lösen. Die Kerne entfernen. Die Avocadohälften auf einem Schneidebrett längs durchschneiden. Das Fruchtfleisch mit dem Messer aus der Schale lösen und in dünne Streifen schneiden.

3. Die Paprika waschen und halbieren, den Stielansatz und die dicken Rippen mit den Kernen wegschneiden. Die Hälften auf einem Schneidebrett in sehr dünne Streifen schneiden.

4. Den Rucola waschen und in einem Sieb abtropfen lassen. Die Sprossen in einem Sieb abbrausen und abtropfen lassen.

5. Die Eier pellen und auf einem Brett in kleine Würfel schneiden. In einem Schälchen mit der sauren Sahne und etwas Salz und Pfeffer vermischen. Auf 4 Toastscheiben verteilen.

6. Die Hähnchenbrust, den Rucola, die abgetropfte Rote Bete, die Sprossen, die Avocado- und die Paprikastreifen nacheinander auf den Toast schichten. Mit Salz und Pfeffer würzen. Die übrigen Toastscheiben mit Mayonnaise bestreichen und darüberklappen.

7. Die Sandwiches schön festdrücken und mit einem großen Messer diagonal zu Dreiecken schneiden.

Double-Choc-Brownies

Die Vereinigten Staaten sind bekannt für ihre Sweets, Süßigkeiten. In Amerika darf alles ein bisschen üppiger sein, und deshalb gibt es die Brownies, die beliebten Schokoschnitten, auch gerne mit einer doppelten Portion Schokolade.

Für 1 Backform mit 23 x 35 cm:

Für den Teig:
250 g Vollmilch- oder Zartbitterkuvertüre
200 g weiche Butter
80 g Zucker
4 Eier
150 g Mehl

Für die Schokoglasur:
200 g Vollmilch- oder Zartbitterkuvertüre

Zubereitungszeit:
ca. 50 Minuten +
ca. 20 Minuten Backzeit

1. Die Kuvertüre in Stücke brechen. In eine Metallschüssel geben und über einem warmen Wasserbad schmelzen. Zwischendurch umrühren. Auf Seite 134 wird genau gezeigt, wie das geht – dort allerdings mit weißer Kuvertüre.

2. Den Backofen auf 180 °C vorheizen. Den Boden der Backform mit Backpapier belegen. Die weiche Butter mit dem Zucker und den Eiern in einer Rührschüssel schaumig rühren. Die geschmolzene Kuvertüre dazugeben und gründlich unterrühren.

3. Das Mehl dazugeben und nur kurz unterrühren. Den Teig in die Form füllen und vorsichtig in den Ofen schieben. Auf der mittleren Schiene etwa 20 Minuten backen.

4. Die Brownies mit Topfhandschuhen oder großen Topflappen vorsichtig aus dem Ofen holen und abkühlen lassen.

5. Inzwischen die Kuvertüre für die Glasur in Stücke brechen. Wieder in eine Metallschüssel geben und über einem warmen Wasserbad schmelzen. Zwischendurch umrühren.

6. Die Kuvertüre in die Mitte von der Brownieplatte gießen, mit einem großen Messer verteilen und etwas antrocknen lassen. Dann die Brownies in Stücke schneiden und die Glasur ganz fest werden lassen.

Als Dessert nach einem schönen Steak einen Brownie-Happen naschen. Ja, das mag ich. Was sonst noch essenstypisch für meine amerikanische Heimat ist, liest du auf Seite 103.

Zwischendurch ein süßes Teilchen, das passt so gut zu „Hygge", der dänischen Gemütlichkeit.
Zimtschnecken frisch aus dem Ofen knabbern und dabei den neuesten Klatsch aus dem dänischen Königshaus lesen – das ist mein perfekter Tag! In meiner Heimat Dänemark gibt es aber noch viele andere Köstlichkeiten. Lies mal auf Seite 101.

Zimtschnecken

Für ca. 24 Stück:

Für den Teig:
200 ml Milch
200 g Butter
450 g Mehl
1 Päckchen Trockenhefe
90 g Zucker
1 TL Kardamom

Für die Füllung:
75 g brauner oder weißer Zucker
1 EL Zimtpulver
75 g Butter

Für den Zuckerguss:
100 g Puderzucker
1 EL Zitronensaft

Zubereitungszeit:
ca. 40 Minuten +
ca. 1 ¼ Stunden Ruhezeit +
ca. 10 Minuten Backzeit

1. Die Milch in einem Töpfchen lauwarm erhitzen, vom Herd nehmen. Die Butter dazugeben und etwa 5 Minuten weich werden lassen.

2. Das Mehl in eine Rührschüssel geben. Hefe, Zucker, Kardamom und die Milch-Butter-Mischung dazugeben. Mit den Knethaken des Handmixers zu einem glatten Teig verkneten. Zugedeckt etwa 45 Minuten ruhen lassen.

3. Den Teig noch mal durchkneten, halbieren und rundherum mit Mehl bestäuben. Jede Hälfte auf Backpapier etwa 25 x 30 cm groß ausrollen.

4. Für die Füllung Zucker und Zimt verrühren. Die Butter in einem Topf bei schwacher Hitze flüssig werden lassen. Die Teigplatten damit bepinseln und mit Zimtzucker bestreuen.

5. Beide Teigplatten jeweils von der langen Seite her aufrollen. Jede Rolle in etwa 2 cm dicke Scheiben schneiden. Zwei Backbleche mit Backpapier belegen. Die Schnecken mit Abstand flach auf die Bleche legen, denn der Teig geht beim Backen auf. Die Schnecken, wenn nötig, wieder etwas in Form drücken. Zugedeckt 30 Minuten ruhen lassen.

6. Den Ofen auf 200 °C vorheizen. Die Bleche darin nacheinander auf der mittleren Schiene etwa 10 Minuten backen.

7. Inzwischen den Puderzucker mit 2 EL Wasser und 1 EL Zitronensaft zu einem glatten Guss rühren. Die Zimtschnecken mit Topfhandschuhen vorsichtig aus dem Ofen holen und mit dem Guss bestreichen. Warm genießen!

Apple Trifle

Dieses Dessert gilt als Krönung eines Dinners, eines festlichen Abendessens, und hat schon Jahrhunderte Tradition. Es besteht immer aus mindestens drei Schichten: Kekse, Früchte und Creme. Trifle heißt übersetzt „Kleinigkeit". Na ja, die Engländer untertreiben gern.

Für 6 Portionen:

500 g Äpfel
50 ml Apfelsaft
2 EL Zitronensaft
1 TL Zimtpulver
4 EL Zucker
200 g Doppelrahmfrischkäse
300 g Naturjoghurt
1 Päckchen Vanillezucker
200 g Kekse
(z. B. Löffelbiskuits oder Shortbread, englische Butterkekse)
2 EL Mandelblättchen

Zubereitungszeit:
ca. 40 Minuten + mindestens 1 Stunde Kühlzeit

1. Die Äpfel waschen und trocken reiben. Auf ein Schneidebrett legen und längs in 4 Stücke schneiden. Die Apfelviertel schälen und mit einem spitzen Messer das Kerngehäuse mit dem Stiel und dem Blütenansatz herausschneiden. Die Äpfel in Würfel schneiden und in einen Kochtopf geben.

2. Den Apfelsaft, den Zitronensaft, den Zimt und 2 EL Zucker zu den Äpfeln geben und unterrühren. Bei mittlerer Hitze etwa 10 bis 15 Minuten köcheln. Dann etwas abkühlen lassen.

3. Den Frischkäse, den Joghurt, den Vanillezucker und 2 EL Zucker in eine Rührschüssel geben. Mit dem Handmixer oder mit einem Schneebesen cremig rühren.

4. Die Hälfte der Kekse in Stücke zerbrechen. Den Boden einer Glasschüssel damit gleichmäßig bedecken. Die Hälfte der Apfelwürfel gleichmäßig darauf verteilen, dann die Hälfte der Creme darübergeben und glatt streichen.

5. Die restlichen Kekse auf die Creme bröseln, die übrigen Äpfel darauf verteilen und mit der restlichen Creme bestreichen. Die Mandelblättchen darüberstreuen und die Schüssel mindestens 1 Stunde in den Kühlschrank stellen.

Auch wenn Pommes mit Essig und englischer Hartkäse meine Favoriten sind: So ein cremiges Trifle ist schon was Feines. Und es gibt noch mehr britische Spezialitäten nach meinem Geschmack. Schau mal auf Seite 102.

Fingerfood und Partygerichte

FESTE FEIERN!

Nach der Schule wird gefeiert

Gemeinsame Erlebnisse stärken die Klassengemeinschaft und schweißen zusammen. Sommerfeste oder Weihnachtsfeiern sind ja nicht schlecht, aber wie wäre es mal mit einer Party mit allen Schülern aus deiner Klasse? Hier ein paar Ideen!

Grund zum Feiern gibt es immer

Wie wär's, wenn ihr jedes Vierteljahr die Geburtstagskinder der jeweiligen Monate hochleben lasst? Zu Anfang des Schuljahres könnte es eine Willkommensparty für neue Schüler geben oder ihr begrüßt einfach das neue Schuljahr. Am Ende des Schuljahres wäre ein Abschiedsfest schön. Karneval ist auch immer ein Grund zum Feiern, Frühlings-, Herbst- oder Winteranfang ebenso. Vielleicht habt ihr ja nette Lehrer, die ihr mal mit einem Fest überraschen wollt. Ob ihr das alleine hinbekommt? Wenn alle mithelfen und jeder etwas mitbringt, klappt es garantiert.

Wann und wo

Erst einmal solltet ihr euch mit der Klasse auf einen Termin einigen, an dem jeder gut Zeit hat. Überlegt gemeinsam, wo die Party stattfinden soll. Am einfachsten wäre das eigene Klassenzimmer oder der Schulhof, denn dort gibt es genügend Platz, Stühle, Tische und alles, was ihr braucht. Wenn ihr draußen feiern wollt, braucht ihr einen Notfallplan für schlechtes Wetter. Denkt daran, dass ihr zum Feiern immer die Erlaubnis eurer Schulleitung braucht und eine erwachsene Aufsichtsperson dabei sein muss. Erst wenn ihr das geregelt habt, könnt ihr mit der Partyplanung anfangen.

Party mit Motto

Feiern unter Piraten, Hexen oder Feen: Mottopartys sind sehr lustig. Vor allem, wenn sich das Thema durchs ganze Fest zieht – von der Kleidung übers Büfett bis hin zur Deko. Plant ihr ein Klassenfest der magischen Tiere, kann sich zum Beispiel jeder sein Lieblingstier ins Gesicht schminken lassen oder Tiermasken basteln. Vorlagen für beides gibt es im Internet. Als Partydeko beklebt man Fähnchenketten mit ausgeschnittenen Vorlagen der magischen Tiere. Auch das passende Essen darf nicht fehlen: Rezepte für Schildkrötbrötchen, Eulenmuffins und Fuchskekse findet ihr auf den nächsten Seiten.

Und alle machen mit

Damit jeder etwas zum Fest beiträgt, nehmt eure Klassenliste und schreibt zu jedem Schülernamen die Aufgaben, die er für das Fest zu erledigen hat: Welche Schüler sind für die Dekoration verantwortlich, wer macht Musik, wer überlegt sich Spiele und sorgt dafür, dass die nötigen Utensilien dafür da sind? Vielleicht gibt es jemanden, der eine Schulhausrallye oder ein anderes Unterhaltungsprogramm vorbereiten mag. In diese Liste wird auch eingetragen, wer etwas zu essen und zu trinken mitbringt und vor allem, was er mitbringt. Sonst gibt es später vielleicht 10 Marmorkuchen und das wäre doch langweilig. Habt ihr eine Schulküche mit Geschirr? Sonst muss jemand Geschirr und Besteck besorgen. Denkt auch daran, jemanden fotografieren zu lassen. Die Schnappschüsse vom Klassenfest könnt ihr dann später als Erinnerung aufhängen.

Armer schwarzer Kater

Alle Kinder sitzen im Kreis. Ein Kind wird der Kater Karajan, der auf allen vieren im Kreis herumkrabbelt. Der Kater sucht sich ein Kind aus und fängt an, es anzumiauen. Das Kind muss den Kater streicheln und sagen: „Armer schwarzer Kater!" Der Kater versucht nun, das Kind durch lautes Miauen, Fauchen oder durch Grimassen zum Lachen zu bringen. Gelingt dies, ist das Kind der neue Kater. Gelingt dies nicht, sucht sich der Kater ein anderes Opfer.

Wer bin ich?

Jedes Kind schreibt den Namen eines magischen Tieres seiner Wahl auf einen Zettel. Dann drehen alle die Papiere um und mischen sie. Jeder sucht sich einen Zettel aus, der ihm dann mittels Pflaster an die Stirn geklebt wird. Nun darf der erste Schüler eine Frage stellen, um zu erraten, welches Tier er ist. Wird die Frage mit Nein beantwortet, darf der Nächste aus der Runde eine Frage stellen.

Schnell nachgemacht und der Hingucker auf dem Partybüfett!

Statt Essiggurken könnt ihr auch Mini-Salatgurken für die Schildkröte verwenden. Würstchenfans lassen die Brötchen ganz, bohren kleine Löcher hinein und stecken halbe Bratwürstchen oder Wiener Würstchen als Arme, Beine, Kopf und Schwanz hinein.

Schildkrötbrötchen

Für 6 Brötchen:

6 Salatblätter
18 Essiggurken
6 Sternbrötchen
12 EL Doppelrahmfrischkäse
6 Scheiben Käse
(deine Lieblingssorte)
12 Pfefferkörner

Zubereitungszeit:
ca. 30 Minuten

1. Die Salatblätter waschen und mit Küchenpapier trocken tupfen. Die Essiggurken in einem Sieb abtropfen lassen.

2. Die Brötchen auf einem rutschfesten Schneidebrett mit einem Messer vorsichtig waagrecht durchschneiden. Alle Hälften mit je 1 EL Frischkäse bestreichen.

3. Alle unteren Brötchenhälften mit je einem Salatblatt und einer Scheibe Käse belegen.

4. Von den Essiggurken der Länge nach jeweils die Seiten rechts und links abschneiden, sie sollen etwas weniger als 1 cm dick sein. Diese Gurkenscheiben mit der unebenen, dunkelgrünen Seite nach oben auf den Käse legen: je 2 Scheiben seitlich für Vorder- und Hinterbeine, je 2 Scheiben mittig für den Kopf und den Schwanz. Die Gurken so auf den Käse legen, dass sie aus dem Brötchen herausragen. Die übrigen Gurkenstückchen einfach auffuttern.

5. Die oberen Brötchenhälften auf die belegten Brötchenhälften setzen. Dabei etwas festdrücken, dann werden die Gurkenscheiben durch den Frischkäse besser gehalten. Zuletzt zwei Minikleckse Frischkäse mit einem Stäbchen auf den Schildkrötenkopf setzen und je 2 Pfefferkörner als Augen daraufsetzen.

Meterbrote

Baguettes sind gut einen halben Meter lang. Da ist beim Belegen genügend Platz für bunte Abwechslung: Wurst, Käse, hart gekochte Eier, Gurkenscheiben, Salat, Rucola, Radieschen... Oder wie hier Tomaten, Mozzarella und Avocado. Und sicher hast du auch eigene Ideen.

Für 4 Portionen:

250 g Mozzarella
3 Tomaten
½ Kästchen Kresse
2 reife Avocados
1 Baguette
5 EL Tomatenmark
Salz, Pfeffer aus der Mühle

Zubereitungszeit:
ca. 30 Minuten

1. Die Mozzarellakugel kurz abtropfen lassen. Auf einem Schneidebrett in dünne Scheiben schneiden. Die Tomaten waschen, trocken reiben, auf dem Brett in Scheiben schneiden, dabei die Stielansätze wegschneiden. Die Kresse im Kästchen mit der Schere abschneiden und in einem Sieb unter fließendem Wasser abbrausen. Abtropfen lassen.

2. Jede Avocado rundherum längs einschneiden. Die Avocadohälften durch Drehen voneinander lösen. Die Kerne entfernen. Die Avocadohälften auf dem Brett längs durchschneiden. Das Fruchtfleisch mit dem Messer aus der Schale lösen und in dünne Streifen schneiden.

3. Das Baguette der Länge nach aufschneiden und die Schnittflächen dünn mit Tomatenmark bestreichen. Das Baguette immer abwechselnd mit Mozzarella, Tomaten und Avocado belegen. Den Belag mit Salz und Pfeffer würzen und mit Kresse bestreuen.

Wenn du Baguettes, die Weißbrot-stangen aus meiner Heimat Frankreich, mal selber machen möchtest: Auf Seite 113 gibt es das Rezept dafür.

Popcornschale zum Auffuttern

Zutaten für 1 Popcornschale mit ca. 20 cm Durchmesser:

Für die Schale: 500 g weiße Kuvertüre · 1 Schüssel mit 20 cm Durchmesser · Backpapier 120 g Popcorn · 1 Schüssel mit 16 cm Durchmesser Außerdem: Lieblingspopcorn zum Einfüllen
Zubereitungszeit: ca. 60 Minuten + mindestens 2½ Stunden zum Abkühlen

Die Popcornschale ist eigentlich ganz einfach nachzumachen, ist aber nichts für ungeduldige Gemüter. Wenn ihr also nicht so entspannt seid wie ich und eher schnell aufgebt, wenn es etwas kniffelig wird, dann lasst euch am besten von eurer Familie dabei helfen.

Popcorn selber machen – so geht's:

1 EL Öl in einer großen Pfanne erhitzen. So viel Popcorn-Mais dazugeben, dass der Boden bedeckt ist. Den Deckel auf die Pfanne setzen. Sobald der Mais anfängt zu poppen, etwa 4 Minuten lang zugedeckt bei kleiner Hitze hüpfen lassen. Immer wieder etwas an der Pfanne rütteln, damit das Popcorn nicht anbrennt. Wenn keine Plopp-Geräusche mehr zu hören sind, ist das Popcorn fertig.

1

1. Kuvertüre schmilzt man am besten in einem warmen Wasserbad. Wird sie zu schnell heiß, dann klumpt sie und ist nicht mehr zu verwenden. Für ein Wasserbad braucht man eine Metallschüssel, die man in einen Topf stellt, ohne dass die Schüssel dabei den Topfboden berührt. Den Topf etwa 2 Zentimeter hoch mit Wasser füllen und das Wasser zum Kochen bringen.

2. Die Kuvertüre in Stücke schneiden und in die Metallschüssel geben. Die Schüssel auf den Topf mit dem Wasser setzen und die Kuvertüre bei mittlerer Hitze schmelzen. Ab und zu umrühren. Vorsicht: Das Wasser darf nicht sprudelnd kochen, sondern soll nur leicht sieden. (Foto 1)

3. Die größere Schüssel mit 20 cm Durchmesser mit Backpapier auslegen. Dabei gut an den Seiten festdrücken, damit die Form erhalten bleibt. Einen Klecks Kuvertüre in die Mitte der Schüssel tropfen lassen und einige Kugeln Popcorn auf den Boden der Form geben, sodass der Boden bedeckt ist, die Popcornkugeln aber nicht übereinanderliegen. (Foto 2)

2

3

4

4. Die kleinere Schüssel auf das Popcorn stellen und jetzt rundherum in den gesamten Zwischenraum zwischen beiden Schüsseln Popcorn einfüllen.

5. Mit einem Löffel die Kuvertüre rundherum in den Zwischenraum über das Popcorn einfüllen. (Foto 3) Dabei zwischendurch das Popcorn immer wieder mit dem Löffel etwas nach unten drücken. Die Schüssel beim Einfüllen ab und zu drehen und wenden, damit sich die Kuvertüre überall verteilt — die Kuvertüre ist ja der Kleber für die Popcornschale. Wenn beim Einfüllen etwas in die kleine Schüssel in der Mitte läuft, einfach mit dem Löffel wieder in die Zwischenräume füllen.

6. Die Schale für etwa 45 Minuten in den Kühlschrank stellen. Danach etwa 15 Minuten an einen kühlen Ort stellen. So wird die Kuvertüre wieder etwas weicher und die kleine Schüssel lässt sich dann vorsichtig herauslösen. (Foto 4)

7. Die Popcornschale noch mindestens 1½ Stunden an einem kühlen Ort ganz fest werden lassen. Nicht gerade im Kühlschrank, denn von richtiger Kälte bekommt die Kuvertüre manchmal einen unschönen Belag. Warm soll es aber auch nicht sein, denn dann wird die Kuvertüre klebrig.

5

8. Die Popcornschale aus der großen Schüssel heben und das Backpapier vorsichtig abziehen. (Foto 5)

9. Die Schale auf einen Teller stellen und mit der Lieblingssorte Popcorn füllen. Erst die Füllung futtern, dann die Popcornschale Stück für Stück abbrechen und aufknabbern.

Bananen-Walnuss-Kuchen

Wenn Bananen weich und schon etwas überreif sind, lassen sie sich noch wunderbar für diesen Kuchen verwenden. Resteverwertung kann nämlich richtig lecker sein! Und auch wenn Walnüsse besonders gut zu Banane passen, Mandelstifte schmecken ebenfalls.

Für 1 Kastenform mit 25 cm Länge:

weiche Butter für die Form
100 g Walnusskerne
2 Bananen
5 Eier
250 g weiche Butter
120 g Zucker
1 TL Zimtpulver
250 g Mehl
50 g Speisestärke
1 Päckchen Backpulver
Puderzucker zum Bestäuben

Zubereitungszeit:
ca. 25 Minuten +
45 Minuten Backzeit

1. Den Backofen auf 180 °C vorheizen. Die Kastenform ordentlich mit Butter einpinseln, damit sich der Kuchen später gut aus der Form löst.

2. Die Walnusskerne in eine Gefriertüte stecken. Mit dem Nudelholz darüberrollen und dabei die Nüsse grob zerkleinern. Die Bananen schälen und in einem Schälchen mit einer Gabel zu Mus zerdrücken.

3. Die Eier aufschlagen und in eine Rührschüssel geben. Die Butter, den Zucker und den Zimt dazugeben und mit den Rührquirlen des Handmixers dickschaumig rühren.

4. Die Bananen und die Walnüsse untermixen. Dann das Mehl, die Speisestärke und das Backpulver in die Schüssel geben und alles nur kurz unterrühren.

5. Den Teig in die Kastenform füllen. Vorsichtig auf die mittlere Schiene in den Ofen schieben. Etwa 45 Minuten backen. Den Kuchen mit Topfhandschuhen oder großen Topflappen vorsichtig aus dem Ofen nehmen. Abkühlen lassen und mit Puderzucker bestäuben.

6. Für Tiersticker einfach Vorlagen im Internet suchen, ausdrucken und ausschneiden. Einen Zahnstocher hinten auf jedes Tierbild kleben und die Sticker in den Kuchen stecken.

Macht immer die Stäbchenprobe, bevor ihr einen Kuchen aus dem Ofen nehmt: Ein Holz- oder Metallstäbchen in die Mitte des Kuchens stecken und wieder herausziehen. Klebt noch Teig daran, muss der Kuchen im Ofen bleiben, bleibt das Stäbchen sauber, ist der Kuchen fertig.

Eulen-Muffins

Für 1 Muffinblech mit 12 Mulden:

Für die Muffins:
weiche Butter für die Form
2 Eier
100 g weiche Butter
100 g Zucker
150 g Schmand
100 g Schokoraspel
200 g Mehl
1 TL Backpulver

Für das Eulengesicht:
24 Schokoladenkekse mit weißer Füllung (ca. 4 cm Durchmesser)
200 g Puderzucker
1 EL ungezuckertes Kakaopulver
24 bunte Schokolinsen für die Pupillen
12 rote Schokolinsen für die Schnäbel

Zubereitungszeit:
ca. 50 Minuten +
ca. 20 Minuten Backzeit

1. Die Mulden des Muffinblechs mit Butter einfetten. Den Ofen auf 180 °C vorheizen.

2. Die Eier mit der Butter und dem Zucker mit den Rührquirlen des Mixers schaumig rühren. Erst Schmand und Schokoraspel, dann Mehl und Backpulver nur kurz unterrühren.

3. Den Teig in die Muffinvertiefungen füllen. Vorsichtig auf die mittlere Schiene in den Ofen schieben. Etwa 20 Minuten backen. Vorsichtig mit Topfhandschuhen oder großen Topflappen aus dem Ofen nehmen und abkühlen lassen.

4. Für das Eulengesicht die Kekse mit einem Messer quer so auseinanderschneiden, dass die Füllung an einer Hälfte des Kekses bleibt und die andere Hälfte ohne Füllung ist.
24 Kekse mit der weißen Füllung für die Augen beiseitelegen.
12 Kekse ohne Füllung vorsichtig auf einem Brett mit einem scharfen Messer in der Mitte in zwei Hälften schneiden.

5. Den Puderzucker mit dem Kakao und etwa 4 EL Wasser in einem Schälchen zu einem dicken Guss verrühren. Ist er zu flüssig, noch etwas Puderzucker dazurühren. Die Muffins mit dem Guss bestreichen.

6. Die Schokolinsen für die Pupillen mit einem Tropfen Zuckerguss auf die Kekse mit der weißen Füllung kleben. Je zwei Keks-Eulenaugen auf die Muffins setzen, festdrücken.

7. Oberhalb der Augen mit einem scharfen Messer zwei kleine Einschnitte einritzen und je zwei Kekshälften wie auf dem Foto reinstecken. Je 1 rote Schokolinse als Schnabel unter die Augen in die Mitte hineinstecken.

Statt gefüllte
Schokokekse könnt ihr
auch Backoblaten für
die Eulenaugen
verwenden.

Ohne Fuchsgesichter reduziert sich die Arbeitszeit auf 20 Minuten!

Keine Lust auf Tiergesichter? Dann lasst die Eier im Teig weg, damit man ihn ausrollen und ausstechen kann. Den fertigen gekühlten Teig könnt ihr dann mit Plätzchenformen ausstechen und ca. 12 Minuten backen.

Rabbats Schokokekse

Für ca. 30 Stück:

250 g Mehl
60 g Zucker
2 EL ungezuckertes Kakaopulver
180 g Butter
2 Eier

Zum Verzieren:
100 g Puderzucker
ca. 30 kleine Schokolinsen
weiße Zuckerschrift aus der Tube

Zubereitungszeit:
ca. 40 Minuten +
ca. 30 Minuten Kühlzeit +
ca. 15 Minuten Backzeit

1. Das Mehl mit dem Zucker und dem Kakaopulver in eine große Schüssel geben. Die Butter in kleine Stücke schneiden und mit den Eiern zum Mehl geben.

2. Die Teigzutaten mit den Händen oder mit den Knethaken des Handmixers zu einem glatten Teig kneten. Den Teig zu 2 dicken Rollen formen und etwa 30 Minuten in den Kühlschrank legen.

3. Den Backofen auf 180 °C vorheizen. Ein Backblech mit Backpapier auslegen. Die Teigstücke auf einem Schneidebrett mit den Handflächen zu etwa 4 cm dicken Teigsträngen rollen. Die Rollen in etwa 1 cm dicke Taler schneiden.

4. Die Taler aufs Backblech legen und im Ofen auf der mittleren Schiene etwa 15 Minuten backen. Abkühlen lassen.

5. Den Puderzucker mit 2 EL Wasser zu einem glatten, sehr dickflüssigen Zuckerguss verrühren und die Plätzchen damit wie auf dem Foto verzieren. Dafür den Zuckerguss mit einem kleinen Messer rechts und links in zwei Halbkreisen auftragen. In der Mitte unten zwischen diesen Halbkreisen einen Tupfen Zuckerguss auf jedes Plätzchen setzen und jeweils 1 Mini-Schokolinse als Schnauze daraufdrücken. Zuletzt mit Zuckerschrift Augen und Ohren aufmalen.

Regenbogenkuchen

Für 1 Springform mit 26 cm Durchmesser:

Für den Teig:
weiche Butter für die Form
6 Eier
450 g weiche Butter
300 g Zucker
100 ml Zitronensaft
400 g Mehl
1 Päckchen Backpulver
100 g feine Haferflocken

Für Guss und Deko:
2 Rollen bunte Schokolinsen (à 130 g)
250 g Puderzucker
5 EL Zitronensaft

Zubereitungszeit:
ca. 60 Minuten +
ca. 55 Minuten Backzeit +
ca. 90 Minuten Abkühl- und Trockenzeit

1. Den Backofen auf 180 °C vorheizen. Die Backform gut mit Butter einpinseln. Eier mit Butter und Zucker in eine Rührschüssel geben. Mit den Rührquirlen des Handmixers cremig rühren. Zitronensaft unterrühren. Mehl, Backpulver und Haferflocken zugeben und nur kurz unterrühren. Teig in die Backform füllen und im Ofen auf der mittleren Schiene etwa 55 Minuten backen. Den Kuchen vorsichtig mit Topfhandschuhen aus dem Ofen holen und abkühlen lassen.

2. Den Kuchen aus der Form lösen und in der Mitte auseinanderschneiden. Eine Kuchenhälfte undekoriert lassen, die andere zum Verzieren auf ein Küchenbrett legen.

3. Die Schokolinsen nach Farben sortieren. Ganz wichtig, denn das Belegen muss später schnell gehen.

4. Puderzucker mit Zitronensaft zu einem glatten, dickflüssigen Guss rühren. Ist er zu flüssig, noch etwas Puderzucker zugeben. Ist er zu fest, tropfenweise Zitronensaft unterrühren. Den Guss mittig auf den Kuchen gießen. Die Oberfläche und die äußere Rundung gleichmäßig mit dem Guss bestreichen. Das geht am besten mit einem langen Messer. Die Schnittfläche bleibt ohne Zuckerguss.

5. Die Schokolinsen als Regenbogen auf den Kuchen kleben. Dabei zuerst eine Reihe rosa oder rote Linsen nebeneinander auf die äußere, große Rundung kleben, darunter eine Reihe orangefarbene Linsen, dann gelb, grün und blau. Zügig arbeiten, denn ist der Guss trocken, kleben die Linsen nicht mehr. Wer mag, setzt an den seitlichen Kuchenrand noch eine Reihe Linsen in allen Farben. Den Guss ganz fest werden lassen, dann den Kuchen vorsichtig aufstellen.

Ein bunter Regenbogen – das ist eine Kuchentarnung nach meinem Geschmack. Mir würde noch eine andere gefallen: Du machst aus der undekorierten Kuchenhälfte einen zweiten Regenbogenkuchen und setzt beide Kuchenhälften mit den Rundungen zusammen. Dann wird daraus ein Regenbogenschmetterling.

Magische Durstlöscher

Haifischbecken

Rezept für 2 Gläser: 6 Gummi-Haifische auf je 1 Holz- oder Cocktailstäbchen spießen. Je 3 Spieße in ein Glas stellen, eiskalte klare Zitronenlimonade darübergießen und je 1 Gummibärchen an den Rand des Haifischbeckens setzen. Wenn es nicht kleben bleibt, musst du es unten leicht einschneiden und an den Glasrand stecken. Schließlich soll es ja nicht ins Becken fallen …

Idas Erdbeerzauber

Rezept für 2 hohe Gläser: 200 g Erdbeeren gründlich waschen und die Blätter entfernen. Mit 2 EL Zucker und 3 EL Zitronensaft mit dem Stabmixer pürieren. Je 3 Eiswürfel in die Gläser geben, das Erdbeerpüree einfüllen und mit Mineralwasser aufgießen. Einmal umrühren. Je 1 Scheibe Zitrone ein Stückchen einschneiden und an den Glasrand stecken. Den Erdbeerdrink wie im Bild unten mit je 2 ungekochten Makkaroni-Nudeln als Strohhalm servieren.

Pinkies Glitzercocktail

Rezept für 2 Cocktailgläser: Auf einen Teller bunten Dekorzucker in deiner Lieblingsfarbe geben. 1 Zitronenviertel in der Mitte ein Stückchen einschneiden, auf den Glasrand setzen und damit mehrmals um den Glasrand herumfahren. Die Zitrone weglegen und den feuchten Glasrand vorsichtig in den bunten Zucker drücken. In einem Kännchen 200 ml Ananassaft, 100 ml Orangensaft und 100 ml Bananensaft verrühren. Den Saft in die Gläser schütten und noch ein paar Eiswürfel dazugeben.

Das magische Küchenquiz

Die Antworten auf die Fragen werden erst lesbar, wenn du sie vor einen Spiegel hältst.

Unser Körper arbeitet auch nachts und verbraucht dabei Energie. Was ist deshalb morgens wichtig, um wieder Power zu bekommen?

Frühstück

Was isst Henrietta am liebsten?

Salat

In welchem Land isst man gerne einen „heißen Hund"?

Amerika

ZU DEN AUTORINNEN

Margit Auer begeistert mit ihren Geschichten seit 2013 unzählige Mädchen und Jungen im Grundschulalter. Selbst Bücher zu schreiben, beschloss die Journalistin beim Vorlesen für ihre drei Söhne. Für „Die Schule der magischen Tiere“ wurde sie mit dem Leipziger Lesekompass, dem Leseknirps und dem Heidelberger Leander ausgezeichnet.

Nina Dulleck hat den Geschichten mit ihren Illustrationen ein unverwechselbares Gesicht gegeben. Die Text- und Bildautorin malt und schreibt für sich selbst und andere. Sie wohnt in einem winzigen Dorf und arbeitet in einem noch winzigeren Atelier umgeben von ihrem Mann, drei Kindern, vielen Tieren und noch mehr Natur.

Christiane Kührt kennt sich als freie Foodjournalistin, Lektorin und Autorin mit Essen und Trinken bestens aus. Eltern und Kindern den Spaß am Kochen und Essen zu vermitteln, liegt ihr dabei besonders am Herzen.

Weitere Bücher der Autorinnen:

→ Die Schule der magischen Tiere - Das Backbuch

IMPRESSUM

Hinter jedem tollen Buch steckt ein starkes Team

Projektleitung: *Stella Paschen, Ulrike Kraus*
Texte & Rezepte: *Christiane Kührt*
Grafische Gestaltung & Satz: *Julia Arzberger*
Illustrationen: *Nina Dulleck*
Fotografie: *Julia Hoersch*
Foodstyling: *Katja Baum*
Herstellung: *Frank Jansen*
Producing: *Jan Russok*
Druck & Bindung: *optimal media GmbH, Röbel*

9. Auflage 2026
© 2021 Edel Verlagsgruppe GmbH,
Neumühlen 17, 22763 Hamburg
ISBN: 978-3-96584-128-4
Redaktionsanschrift:
ZS, Edel Verlagsgruppe GmbH,
Kaiserstraße 14b, 80801 München
www.zsverlag.de/kontakt
www.edelverlagsgruppe.de/kontakt

LIEBE LESERINNEN, LIEBE LESER,

wie schön, dass Sie ein Buch von ZS in den Händen halten. „Jetzt leben!“ ist das Motto unseres Verlages. Es steht für Genuss und Inspiration, Unterstützung und Motivation. Ob Kulinarik oder Fitness, Gesundheit oder Lebenshilfe – seit über 30 Jahren bieten wir kompetente Ratgeber für (fast) alle Lebenslagen. Wir lieben Tradition genauso wie Innovation – sie treiben uns an. Unsere Autorinnen und Autoren sind Menschen, die zu ihrem Thema wirklich etwas zu sagen und zu schreiben haben. Unsere Produkte sind erzählerisch, appetitmachend und als gedruckte Bücher haptisch echte Erlebnisse. Für Sie mit ganz viel Liebe gemacht! Entdecken Sie mehr aus unserer wunderbaren Welt!

UNSER VERLAGSHAUS

Mit Standorten in Hamburg und München zählt die Edel Verlagsgruppe zu den größten unabhängigen Buchanbietern Deutschlands. Zur Gruppe gehören die Verlage Dr. Oetker Verlag, Edel Sports, KARIBU und ZS.

ZS - Ein Verlag der Edel Verlagsgruppe
www.zsverlag.de
www.facebook.com/zsverlag
www.instagram.com/zsverlag

NEWSLETTER

Was koche ich heute Feines? Und wie geht das – schmackhaft und gesund? Melden Sie sich jetzt zum ZS-Genuss-Service an und verpassen Sie keine kulinarischen und gesundheitlichen Trends mehr. Wir informieren Sie regelmäßig über unsere Neuerscheinungen, Aktionen oder Gewinnspiele und verraten Ihnen unsere Lieblingsrezepte!

GEWINNEN

Unter allen Neuabonnierenden verlosen wir jeden Monat eine *ZS-Genuss-Box* im Wert von 75,00 €.

Jetzt anmelden unter:
www.zsverlag.de/newsletter
oder den QR Code scannen:

ANMELDEN!

Jetzt backen die magischen Tiere

Die Schule der magischen Tiere – Das Backbuch

ISBN 978-3-96584-344-8

Mit Lieblingsrezepten und Backtricks

Maus vital und super lecker

Gesunde Ernährung mit der Maus
Wissen, Tipps und leckere Rezepte rund um unser Essen und Trinken

ISBN 978-3-96584-386-8

Kinderleicht und elternklar!